は じ め に

　2015年4月から7月にかけて、京都大学経済学部と経営管理大学院向けに「企業価値創造と評価」を開講した。

　本書はそのなかから、事業会社5社（クボタ、リンナイ、小林製薬、MonotaRO、京セラ）と京都銀行の講義をまとめたものである。

　実のところ、「企業価値創造と評価」の講義に基づいての出版は、2015年の『京都企業が世界を変える──企業価値創造と株式投資』に続くものである。

　本書に掲載させていただいたのは次のトップ経営者、6名である。お名前は講義をしていただいた順、肩書は講義当時のものである。

　　木股昌俊・株式会社クボタ　代表取締役社長
　　内藤弘康・リンナイ株式会社　代表取締役社長
　　柏原康夫・株式会社京都銀行　代表取締役会長
　　小林一雅・小林製薬株式会社　代表取締役会長
　　瀬戸欣哉・株式会社MonotaRO　取締役会長
　　久芳徹夫・京セラ株式会社　代表取締役会長

　6人の経営者にはきわめて多忙かつ貴重な時間を快く割いていただいた。大変なご好意に対してあらためて厚くお礼を申し上げたい。

　この講義は2014年度に農中信託銀行の寄付によって始まった。2015年度の寄付元は、農中信託銀行から独立した農林中金バリューインベストメンツにかわったが、講義の精神はまったく変わっていない。

　講義の目的は、第一に、学生が学生であるうちに、彼／彼女らに優れた経営者の生の声を聞いてもらい、その情熱と精神を体感させたいとの思いである。

　第二に、これは学生のみならず、自分自身を含めた投資家への情報発信を兼ねて、投資対象となりうる企業が何を考えていて、どのように行動し、成功しているのかを知ってもらうことである。この変動の非常に激しい時代に

おいて、企業を知らずして株式市場に資金を投入する投資家とは、エセでしかないと思っている。

本書を上梓するにあたり、本書での6人の経営者はもちろんのこと、多くの関係者に多大なご尽力をいただいた。

2015年には、山道裕己氏（株式会社大阪取引所 代表取締役社長）、堀江貞之氏（株式会社野村総合研究所 上席研究員）、三瓶裕喜氏（フィデリティ投信株式会社 ディレクターオブリサーチ）にも登壇してもらった。

農林中金バリューインベストメンツの坂田智史氏、有村亮一氏、岡島翔士郎氏、藤森淳一氏らに講義の準備、速記録の整理などの作業をお願いした。京都大学の加藤康之特定教授には講義に協力してもらった。川北の秘書として、佐藤英子さんには雑多な作業をこなしてもらった。京都大学事務員の伊藤美魚さん、岡本なぎ子さん、南部牧子さん、川北ワークショップとゼミの董憶維君、孔蓮花さん、高木雄太君には講義当日の運営を手伝ってもらった。経済学研究科博士課程に在籍している野田典秀君には原稿の整理という面倒な作業をお願いした。

末筆にはなるが、金融財政事情研究会出版部の髙野雄樹次長、堀内駿氏には本書の出版計画の段階から大変お世話になった。

以上の方々に、あらためて感謝を申し上げたい。

2016年3月

執筆者を代表して

川北　英隆

編著者紹介

川北　英隆（かわきた　ひでたか）
京都大学経営管理研究部　投資研究教育ユニット教授
財政制度等審議会委員、日本価値創造ERM学会会長、日本ファイナンス学会理事、
みずほ証券社外取締役、あすかコーポレートアドバイザリー社外監査役等
京都大学経済学部卒業、博士（経済学）。日本生命保険相互会社（資金証券部長、
取締役財務企画部長等）、中央大学、同志社大学を経て、現在に至る。
著書として、『株式・債券市場の実証的分析』（中央経済社、2008）、『証券化──新
たな使命とリスクの検証』（金融財政事情研究会、2012）、『「市場」ではなく「企
業」を買う株式投資』（金融財政事情研究会、2013）、『京都企業が世界を変える』
（金融財政事情研究会、2015）ほか。

奥野　一成（おくの　かずしげ）
農林中金バリューインベストメンツ株式会社　常務取締役（CIO）
京都大学法学部卒業、ロンドンビジネススクール、ファイナンス学修士（Master
in Finance）修了。（公社）日本証券アナリスト協会検定会員
1992年日本長期信用銀行入行、事業法人融資、長銀証券・UBS証券にて債券トレー
ディング業務（東京・ロンドン）に従事。2003年に農林中央金庫へ転籍しオルタナ
ティブ投資を担当した後、2007年より現在の原形となる「長期集中投資自己運用
ファンド」を開始。2009年、農中信託銀行にプロジェクトを移管し、年金基金等外
部投資家向けファンドの運用助言業務に従事（2012年より同行企業投資部長兼
CIO）。2014年、より投資業務に特化した体制構築を企図し設立された農林中金バ
リューインベストメンツに移籍し、現在に至る。

目　次

第1章　長期投資の本質

農林中金バリューインベストメンツ 常務取締役（CIO）　奥野　一成

第1節　日本株投資で儲けるには ……………………………………………… 2
1　日本企業を取り巻く環境 ……………………………………………… 2
2　投資家の選択肢 …………………………………………………………… 7
3　長期投資の三つの条件 ……………………………………………… 11
4　企業に儲けてもらうという発想 ………………………………… 12

第2節　企業を視るポイント ……………………………………………… 14
1　クボタが挑戦する長期的な潮流 ………………………………… 15
2　リンナイにみる付加価値の見える化 ………………………… 17
3　小林製薬にみるビジネスモデルの重要性 ………………… 19
4　MonotaROにみるリーダーシップ …………………………… 21
5　京セラにみる企業文化の重要性 ………………………………… 23

第3節　現代の資本家 ……………………………………………………… 26
1　株主の変容とオーナーの不在 …………………………………… 26
2　実質的オーナーシップ不在の功罪 …………………………… 27
3　現代の資本家になろう ……………………………………………… 30
4　もっと広く、もっと自由に──本章のまとめ ………………… 32

第2章　クボタ　挑戦するクボタ

株式会社クボタ 代表取締役社長　木股　昌俊

第1節　創業者精神と会社概要 …………………………………………… 37
第2節　クボタの製品 ……………………………………………………… 39

第3節	クボタの現在と取組み	42
第4節	食を支えるクボタ	44
第5節	世界への挑戦	48
第6節	クボタグループで活躍する従業員	52
第7節	挑戦するクボタ	53
第8節	質疑応答	55

第3章　リンナイ　熱と暮らしを創造する

リンナイ株式会社 代表取締役社長　内藤　弘康

第1節	リンナイの歴史	63
第2節	熱で暮らしを支える	64
第3節	品質こそ我らが命	67
第4節	経営者としての考え方	70
第5節	総合熱エネルギー機器メーカーへ	74
第6節	リンナイの海外展開	76
第7節	今後の展開	78
第8節	質疑応答	79

第4章　京都銀行　地域社会の繁栄に奉仕する

株式会社京都銀行 代表取締役会長　柏原　康夫

第1節	京都銀行の概要	86
第2節	沿革──京都市内への進出と京都企業との関係	88
第3節	日本の銀行制度の生成	91
第4節	産業構造や社会の変化を読み取る	92
第5節	京都銀行の経営哲学	96
第6節	経営者の役割と社会人に求められること	105

第 7 節　質疑応答 ……………………………………………………… 108

第 5 章　小林製薬　あったらいいなをカタチにする

小林製薬株式会社 代表取締役会長　小林　一雅

第 1 節　小林製薬の概要 ………………………………………………… 112
第 2 節　小林製薬のビジネスモデルの特徴 ………………………… 114
第 3 節　全社員参加経営──小林製薬のユニークな制度 ……………… 118
第 4 節　私の哲学・考え方 ……………………………………………… 122
第 5 節　質疑応答 ………………………………………………………… 129

第 6 章　MonotaRO　起業家の楽しみ

株式会社MonotaRO 取締役会長　瀬戸　欣哉

第 1 節　MonotaROの概要 …………………………………………… 136
第 2 節　MonotaROのビジネスモデル──五つのポイント …………… 137
第 3 節　MonotaROができるまで──住友商事時代 ………………… 141
第 4 節　MBAで学んだ三つのこと …………………………………… 143
第 5 節　MBAから戻って──アイアンダイナミクスプロセス社での経験 … 146
第 6 節　起業──「ルールを破る」…………………………………… 147
第 7 節　MonotaROの挑戦 …………………………………………… 151
第 8 節　世界で働くということ ………………………………………… 154
第 9 節　質疑応答 ………………………………………………………… 156

第 7 章　京セラ　全従業員の物心両面の幸福を追求

京セラ株式会社 代表取締役会長　久芳　徹夫

第 1 節　創業とアメリカへの挑戦 ……………………………………… 163

vi

第2節	半導体産業の発展と京セラの技術革新	166
第3節	京セラフィロソフィとアメーバ経営	169
第4節	京セラの取組み	175
第5節	未来を担う若者へ	177
第6節	質疑応答	178

第8章　投資スタンスと証券アナリストの役割

京都大学経営管理研究部 投資研究教育ユニット教授　川北　英隆

第1節　投資ホライズンと投資収益の関係	189
1　投資ホライズンの類型	189
2　投資ホライズンと投資収益率の関係	190
第2節　日本市場における長期投資の位置づけ	194
1　株式市場を選ぶ	194
2　企業を選ぶ	197
3　長期投資家にとっての重要な目線	199
第3節　アナリストの役割と企業との対話	200
1　長期投資家のためのアナリストとしての基本的役割	201
2　アナリストの機能とは	203
3　議決権行使とアナリストの役割	210
第4節　スチュワードシップ・コード、コーポレートガバナンス・コード	212
1　コンプライするのかエクスプレインするのか	212
2　対話とエンゲージメント	213
3　投資家を選ぶ	215
4　社外役員の機能と投資家の関係	216

事項索引 218

目　次　vii

第 1 章

長期投資の本質

農林中金バリューインベストメンツ 常務取締役（CIO） **奥野 一成**

本章では、まず日本企業を取り巻く環境について整理するとともに、日本株に投資するうえで有効と思われる手法として「長期厳選投資」を紹介し、資本家としての目線の重要性に言及する。次に2015年度の京都大学寄附講義「企業価値創造と評価」の出講企業、講義内容を簡単に紹介するとともに、長期投資に対するインプリケーションについて述べる。最後に、今日的な話題であるガバナンス、ESG等についてオーナーシップの観点から整理する。

第 1 節　日本株投資で儲けるには

1　日本企業を取り巻く環境

　「日本株はこうなる」的な相場予想が巷には溢れているが、私は相場予想が得意ではないし、マクロ経済予想・相場予想に基づいてポジションをとらないことにしている。

　かのウォーレン・バフェット氏も2014年の「株主への手紙」のなかで、「マクロ経済にかかわる相場観を形成したり、相場やマクロ経済について他人の意見を聞いたりすることは、時間の無駄である。実際、相場観をもつことは、本当に重要な事実を視る目を曇らせるので危険ですらある」と「相場」に振り回されることの危険性を述べている。

　大事なことは「事実を視る」ことである。私はチャートで未来を予想できると思ったことはないが、過去を映し出す鏡であるとは思っている。特に長期のチャートは、物事の本質を大きくとらえるときに適切な問題提起を与えてくれる。

(1)　長期株価チャートからわかるFact（事実）

　図表１－１が示すとおり、アベノミクスで株価は上昇したが、実はリーマンショックの前の高値（2007年５月）にほぼ戻した程度である。リーマンショックの震源地である米国株式市場が、リーマン前の高値をはるかに超え

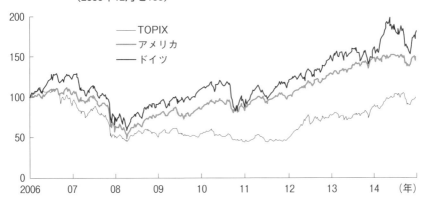

図表1-1 リーマンショック前からの先進国株価指数の長期推移
（2006年12月を100）

ていることから考えても、日本株式市場は他の先進国株式市場との相対感のなかでは、残念ながら長期低迷しているといわざるをえない。いったい何が起こっているのだろうか。

(2) 構造的な企業価値毀損要因

「株価は短期的には美人投票だが、長期的には計量器である」とのベンジャミン・グラハムの言葉どおり、長期的には株価は企業価値を反映する。企業価値とは企業が将来的に創出するキャッシュフローの現在価値の総計であるから、株価が趨勢的に下落しているということは、企業価値の持続的毀損、すなわち企業のキャッシュフロー創出能力が減退していることを意味する。

キャッシュフローの最重要構成要素は営業利益（売上高×営業利益率）であるから、この二つの変数（売上高・営業利益率）になんらかの構造的な抑圧要因があるとの仮説が成り立つ。

① 「構造的デフレーション」……売上高に対する構造的抑圧要因（図表1-2）

➢ 人口動態……日本の人口は2010年の1億2,800万人をピークに減少する。いうまでもなく、人口減少は個人消費に決定的な影響を及ぼす。国内需要

第1章 長期投資の本質　3

が伸びないどころか、むしろ減少することが目にみえているなかで供給力を増やすための設備投資を行う企業はないだろう。企業がお金を貯め込んでいるのは経営者の論理的な判断である。

➤アジア新興国からのプレッシャー……戦後の日本はアメリカに追いつけ追い越せと、「安くてよいものをつくる」ことに集中してきた。この戦略は、発展途上国だった日本において一定の成果をあげ、1980年代に日本企業は「Japan as No.1」とのステイタスを一時的に築くことに成功し、実際にアメリカでは単純に価格を競うコモディティ型の製造業はほとんど駆逐されてしまった。それから30年後の現在、今度は日本の製造業が中国や韓国、台湾の企業との厳しい競争にさらされる番になっている（すでに一部は敗北している）。勝敗はさておき、電化製品すらもコモディティ化が避けられないなかで、人件費も為替も安い隣国との単純な価格面での戦いは、製品価格の売値を下げる方向に作用する。

② 「死に至る競争」……営業利益率に対する構造的抑圧要因（図表1−2）

➤低金利……10年金利はこの25年間一貫して下落傾向である。そのうえ、日本は先進国でまれにみる「オーバーバンキング」であり、このことから起こる過度な融資競争の結果、日本企業は、きわめて有利な条件で融資を受けることができる。これは逆の言い方をすれば、本来的には採算にあわないようなビジネスであったとしても続ける動機になり、銀行の緩い融資基準と相まって、いわゆる「ゾンビ企業」を生み出し続けている。

➤市場の低ダイナミズム……株主の企業に対する投資スタンスも緩い。一部見直しの動きがあるものの、安定株主対策のための持合いが存在するし、また株式の資本コストという基本的な概念が企業・投資家ともに浸透しているとは言いがたい。また証券取引所の上場廃止基準の緩い運用により、上場企業はめったなことがない限り、市場から退場することはない。低金利と相まった低ダイナミズムは、本来退場するべき企業を銀行や市場が救ってしまう結果として、過度な競争が終わらない事態を招いてしまう。本来的には、適切な新陳代謝こそが、健全な競争を促し、敗者が退場する

図表1-2　日本企業を取り巻く構造的問題

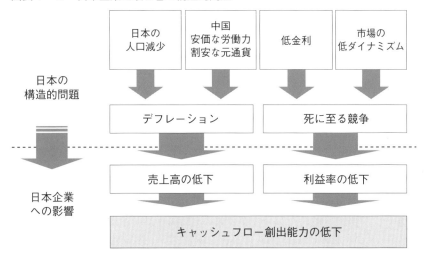

と同時に、勝者は相応の報酬を受け取ることができるのに、ゾンビ映画のように自らがゾンビにならなければ、ゾンビとの戦いが終わらない皮肉な構造といえる。たとえば電機業界などは、本来なら退場してもおかしくない企業を銀行、ファンドがこぞって救ってしまった結果、もともとは競争力のある企業であっても、国内における消耗戦を強いられている間に適正収益を確保できず、いつの間にか韓国・台湾企業に勝てなくなってしまったという構図ではなかろうか。

(3) 現時点におけるアベノミクスの整理

① 円安誘導は企業の競争力を高めるか……異次元金融緩和、機動的な財政政策、民間投資を喚起する成長戦略の3本の矢からなるいわゆる「アベノミクス」は、1本目の矢である異次元金融緩和による円安誘導以外は現時点では事実として何も起こっていない。大胆な金融緩和は急激な円安を引き起こしたが、それにより意図していた日本企業の「稼ぐ力」の強化は、日本企業全体としては現時点で成功しているとは言いがたい。円安により、外貨建ての売上高、利益がある企業の決算は円安分だけ当然に決算規

模がふくらんでいるが、実態としての輸出数量が伸びていないことは貿易統計が示している事実である。これは先進国企業同士の競争においては、顧客にとっての付加価値をいかに高めることができるかが勝負であり、価格はその要素の一つではあるものの、それよりも革新性や利便性といった非価格競争力が勝敗を分けるポイントとなっていることに起因すると考えている。さらに踏み込んでいえば、「円安にすれば競争力が戻る」と考えていること自体が発展途上国的発想といわざるをえない。経営者も為替等の自身でコントロールできない外部要因で左右されるような競争力に頼っているとすれば、もっと主体的に競争力を高める経営努力が必要であろう。残念ながら、2本目の矢、3本目の矢は現時点においては機能していない。そもそも財政政策や成長戦略のための規制緩和は、何もことさらに強調するまでもなく政府が本来的に考えるべき役割である。朝起きて、「さぁ、今日も頑張って息を吸おう」といっているようなものである。

② 構造的問題へのアプローチ……日本経済低迷の根本的な原因は、人口動態とダイナミズムの欠如にあると私は考えているが、アベノミクスはこの二つの問題に具体的に取り組んでいない。もしくはこれらの問題に対する優先順位が低い。

たとえば、人口減少については、出生率を1.4から引き上げたい、といっているだけで具体的かつ有効な方策がとられているわけではない。海外のケースであれば、たとえばフランス、スウェーデンは1970年代後半から婚外子の法的差別撤廃、子育て世帯への所得税優遇、支援支出に本気で取り組んでおり、ついに両国はほぼ2.0の出生率を回復している。婚外子というとシングルマザー的なイメージが強いが、実際は結婚していないだけでパートナーと共同で子育てをしており、フランス等ではすでに生まれてくる子どもの半分以上が婚外子である（というか区別もない状態か）。文化的背景の違いもあるため、単眼的な議論はできないが、出生率を議論する際には海外の成功例をおおいに参考にするべきであろう。この人口減少問題はすでに予想されていた問題であるにもかかわらず、移民政策も含

め、具体的な議論が進んでいるとは言いがたい。

　市場のダイナミズムを促進するには、上場廃止基準の毅然とした運用が不可欠である。上場廃止によって年金受給者を含む株式投資家が痛みを受けるではないか、との指摘もあろうが、株式投資とはそもそもそういうリスクをもつものであり、だからこそきちんと調べなければならないのだ。痛みを伴うかもしれないが、ダイナミズムこそが次のイノベーションを生む源泉であり、資本主義の基礎だと考える。

　これら二つの実体的な問題に優先的にアプローチできていない現状にかんがみると、為替や金利に働きかけても持続性がないことは容易に予想できる。したがって、投資家は日本が抱えた構造的な問題が解決されないとの前提で冷静な意思決定をしなければならない。

2　投資家の選択肢

(1)　構造的問題を前提とした二つの選択肢

　総体として日本企業を取り巻く環境は悲観的といわざるをえない。そして構造的問題へのアプローチが適切にできていない現状にかんがみると、これまで20年間続いたことが、今後も続くと考えるほうが合理的である。このことは一日本人としては残念ではあるが、一投資家としては必ずしも残念なことではない。投資家としては、二つの選択肢がありうる。

① 日本株に投資しない……これはきわめて合理的な選択である。特に長期投資を考えた場合、個人的には米国企業の相対的優位性は突出していると考えている。巨大なマザーマーケット（GDP的には世界の5分の1以上）を抱えており、かつ世界中に訴求できるブランドを多数有しているからである。アップル、グーグル、ナイキ、ディズニー……数えあげればきりがなく、それらの競争力、収益力は群を抜いている。

　ただし日本人が米国企業に投資する場合、暗黙の了解として為替リスクをとることを意味する。長期的に考えるならば、先進国通貨間の為替リスクはそれほど大きいとは思えないが、企業に投資することとは異質のリス

クであることはいうまでもない。

② 構造的問題を避けながら日本株に投資する……「人口減少」「死に至る競争」等の構造的な問題の影響を受けない企業を探し出すことは可能だろうか。以下に具体的なアプローチを考えてみる。

㋐ 「人口減少」という構造的問題について考えてみる。人口動態上、日本国の人口が減少することは確実である。しかし、東京圏（東京＋3県）の人口は現在3,500万人以上と都市圏では世界最大であり、今後も比率的にはわずかながら増加すると考えられる（絶対数的には10万人超）。しかも世界的にみてもまれにみる富裕層が密集した地域である。これほどの密集した巨大な富裕層がわずかずつではあるものの増加していくとすれば、その経済的インパクトはニューヨーク・ロンドンの比ではない。とすればこの地域だけを事業ドメインにしている企業は、日本全体をドメインとしている企業とはまったく異なる経済性を有するはずである。そういう企業のみをターゲットとすれば、人口減少という構造的問題を回避することが可能である。また別の切り口もある。日本人は急速に高齢化が進んでおり、内閣府の推計では、2020年には全人口の30％が65歳以上となり、2040年には3,800万人まで高齢者は増加していくとしている。とすれば高齢者のみを事業ドメインにしている企業は、すべての年齢層をドメインとしている企業とは比較にならない経済性を有するはずである。このように人口を年齢別で切ってみるのも一つの解を与えてくれる。

㋑ 「死に至る競争」という構造的問題について考えてみる。たしかに電機メーカーに代表されるように、終わらない過当競争のなかで競争力を落としていく企業は多い。しかし、じっくり産業構造をみてみると競争がすでに終わっている産業や事業も一部には存在する。一部の機械の要素部材、医療機器、自動車部品、食品企業のなかには、競争の歴史のなかで勝負がついてしまっているもの、規制その他の理由でそもそも競争が緩やかなものがたしかに存在し、それらの企業は他の一般的な日本企

業とは異なった経済性を有している。これらは別に奇をてらった企業とか「株式のプロ」しか知らない企業ではない。数はかなり限られるが、日本人なら普通にだれでも知っている大企業である。たとえばファナックは世界中の工作機械のなかに使われているCNCにおいて世界シェア50％を有しているといわれ、国内シェアに至っては70％を超えている。そして同社の営業利益率は41％である（2015年3月期）。

「人口減少」にしても、「死に至る競争」にしても、その構造を少し斜めからみることによって、他人とは異なる仮説を導くことができる。そしてその仮説を自らの頭と足で丁寧に検証する。この一連の仮説構築・検証のプロセスは、だれもが当然と思っている「人口動態」「産業構造」等のカードを一枚一枚丁寧に裏返していく作業といえる。そこに他人とは異なる超過収益を生む可能性が隠されている。

(2) **日本株に投資する際の二つの選択肢**

上述のように、日本企業を取り巻く環境を整理した場合、日本株式市場は大きくとらえると二つのカテゴリーに分類することができる。すなわち、日本固有の構造的要因に縛られて企業価値を継続的に毀損している大多数の企業群とそういった構造的問題から解き放たれたかたちで継続的に企業価値を

図表1－3　時間の経過と企業価値の関係

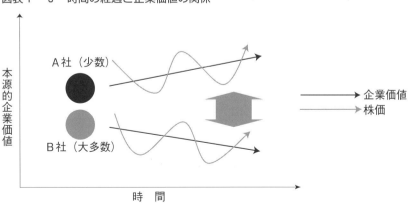

増大させていく限られた数の企業群である。株価は企業価値の周りをクルクル回るものと考えれば、デフォルメすると図表1-3のような構図を描くことができる。

上記のごとく整理した場合に、ここでも二つの選択肢が存在する。

① アプローチ1……すべての企業を対象に株価が割安なタイミングで投資し、割高になったら売却する。

② アプローチ2……日本の構造的問題を回避できている限られた企業のみに投資し、企業価値の増大を楽しむ。

正確には、三つ目のアプローチとして、企業価値そのものに働きかけ、企業価値の改善を収益化するものがある。非上場化して企業のコントロールをとり、改善して収益化するバイアウトファンド、上場株の少数株主のまま経営者に働きかけるエンゲージメント型ファンドがこれに当たるが、この戦略は通常の株式投資とは異なるスキルセットを必要とするものであり、一般的な投資家にはとりえない戦略として、ここでは捨象する。

二つのアプローチのメリット、デメリットについて図表1-4のとおりま

図表1-4　中短期分散投資と長期厳選投資の比較

	投資対象	必要な資質	メリット	デメリット
アプローチ1 （中短期分散投資）	上場しているすべての企業	割高・割安を見分ける能力	投資対象の広さ 分散投資が可能	時間とともに企業価値が毀損し、株価の下落圧力を受ける。
アプローチ2 （長期厳選投資）	構造的問題の影響を回避している限られた企業	持続的な企業価値増大を見通す能力	時間が味方になる。	投資対象が限定的であるため集中投資になる。 株価が割高であることが多い。

とめてみた。どちらを選択するかは個人の好みと能力次第ではあるものの、圧倒的に多数の市場参加者がアプローチ1をとっているので、このやり方はまさに「血の海のなかを泳ぐ」ことであり、その競争はきわめて厳しい。結果としてほとんどのアクティブマネージャーがパッシブ・インデックスファンドのパフォーマンスを継続的に上回ることが困難な状況となっている。保有期間が短期になればなるほど、株式投資といえども単純なゼロサムゲームになってしまうのだから当然の帰結といえよう。もし長期投資できる資金があるのであれば、アプローチ2をとったほうがゼロサムゲームでない分、勝率は高いのではないだろうか。この点については、第8章で川北教授も同様の指摘をされているので、参照されたい。

3　長期投資の三つの条件

　実際に長期投資を行ううえでの投資先企業の選定基準については、われわれのやり方が一つの参考になるかもしれない。図表1－5のとおり、定性的な三つの基準にわれわれは重きを置いており、この基準を満たした企業を「構造的に強靭な企業」と呼んでいる。

〈構造的に強靭な企業の3要件〉

① 　付加価値の高い産業である。

② 　競合上有利な状況にいる、もしくは競争がない。

③ 　長期的な潮流に乗っている。

　8年以上にわたる長期投資の経験では、この定性的な基準に合致するかどうかで、長期投資に適する企業かどうかの6〜7割は決まると考えている。そしてこれらの定性的な基準を満たした企業は、その結果として、利益率・資産効率・増収率・設備投資・バランスシートの各々において、特筆すべき定量的な特徴が現れる。われわれの仕事は、この定性的な要件と定量的な特徴を自らの頭と足を使って有機的に理解することによって、対象企業の企業価値を算出することであり、株価を分析することではない。具体的な手法については、前著『「市場」ではなく「企業」を買う株式投資（第5章）』『京

図表1-5　長期投資に適する企業の特徴

「定性的」な特徴	「定量的」な特徴
付加価値の高い産業である ・バリューチェーンのなかでの位置づけ ・安定的な成長 競合上有利な状況にいる ・限定的な競合環境 ・競合上の圧倒的有利 　（高いシェア、高い参入障壁） ・ビジネスモデルの優位 長期的な潮流に乗っている ・人口動態 ・歴史の潮流等	定常的に高い利益率 定常的に高い資産効率 （資産回転率） 安定的な増収率 比較的少ない設備投資 強いバランスシート （低い負債比率）

結果として

都企業が世界を変える（第8章）』に詳述しているので、ご参照いただきたい。

4　企業に儲けてもらうという発想

(1)　想像力を発揮しよう

　構造的に強靭な企業を保有し、その企業価値の増大を楽しむというスタイルは、より平易にいうなら、「すばらしい経営者、強い企業にお金を預けて儲けてもらう」ということである。このように考えると、一般的に株式投資として認識されている「株券を売買して儲ける」という考え方とは、投資期間が長期なのか短期なのかという違いどころではなく、そもそもの発想が異なるといえる（図表1-6）。

　構造的に強靭な企業は、実際のビジネスにおいて、他の競合企業がアクセスできないような実際の投資機会を収益化することができる。そしてその結果として、これらの企業は将来的にも企業価値を増大させることができる。たとえば、前出のファナックの例でいうなら、CNC市場において圧倒的な優位性をもっている当社だからこそ、その産業の事業機会を優先的に収益化

することができるのである。また同様に信越化学なくして、シリコンウェハ産業や塩ビ産業は成り立たないとの仮説を私はもっている。このような企業に投資する（＝お金を預ける）ことによって、これらの企業に持続的に訪れる収益機会を間接的に享受することができるのである。これは目の前にある株価の動きのように直接にとらえることができる類のものではなく、投資先企業が儲けるようすを想像し、頭のなかで「チャリンチャリン」というお金の音を聴くことである。

⑵　資本家的発想

　「強い企業、素晴らしい経営者に儲けてもらう」という考え方は、想像力を駆使しなければ視ることができないものであり、突飛な考え方のようにみえるかもしれないが、これこそが資本主義の原点であり、企業に投資することの本質である。資本主義社会は、才能ある経営者、有望な事業に対して、資本家が資本を託すことで効率的に前進してきた。資本家はリスクをとることで自らのリターンをあげるとともに、社会を豊かにしてきたのである。パッシブ投資全盛の現代において、この概念はたしかに希釈化してしまって

図表1－6　投資スタンスの違い

投資スタンス	強い企業にお金を預けて儲けてもらう	自ら株式市場で儲ける
保有期間	長期	短期
収益	株価上昇、配当	売買（トレーディング）
受益者	子ども、孫	自分
時間の使い方	投資先に働いてもらう	自分が働く
集中するポイント	投資先が将来生む価値	日々の価格の値動き
求められる能力	想像力・分析力	情報収集力・スピード
投資の性質	プラスサムゲーム（企業が価値を生み出す）	ゼロサムゲーム（だれかの収益はだれかの損）
発想	資本家的発想	労働者的発想

第1章　長期投資の本質　13

いるが、資本家が果たすべき役割そのものが希釈化することはなく、だからこそ合理的にリスクをとれる資本家は、大きなリターンをあげることが可能なのだ。物事の本質は時代が移ろっても変わらないものである。大事なことは、資本家として（その投資金額がいかに小さくとも）企業の営む事業や企業経営者を主体的に選択し、その投資先企業の企業価値増加を時間をかけて楽しむことである。この本質的な概念が希釈化してしまった背景、それに起因する問題については第3節で詳説することとしたい。

(3) パラダイムシフト

　資本家的発想をもつと、株式分析のやり方が変わってくる。あなたが選んだ企業、経営者があなたのために働いてくれていることを想像してほしい。その分析の過程、モニタリングの過程では、企業から株価をいったん切り離し、事業の本質を考えることができるようになる。普段の生活のなかで、自らの投資先企業の事業を、「自分が経営者だったら……」と主体的に考えるようになるので、当然、新聞の読み方から変わってくる。投資先企業の経営者のコメントが出ればクリップし、経営者の講演を聴きたいと思うだろう。事業を視る目を養うことができるので、あなたが会社員であれば、会社での仕事の仕方も変わってくるかもしれない。そして最終的には自らの資本が投資先の企業を通じて間接的に社会をよくしていっているという実感をもつことができる。資本家的発想をもつということは、単に株式投資のやり方を変えるだけではなく、日々の生活、生き方をも変えると思う。あなたは労働者であるとともに資本家なのだ。

第2節　企業を視るポイント

　企業価値評価の現場において、最も重要なことは産業構造・潮流、ビジネスモデル、競争優位性の源泉についての仮説を自らの頭で捻り出し、自らの足を使って検証することである。そういった一連の「企業を視る」という作

業のなかで大きなヒントを与えてくれるのは、実際に経営者の生の声に接することである。これは「資本家」として企業・事業を選択するうえで当然のプロセスである。そこには企業の沿革、企業が提供する財・サービスの性質、企業文化、ビジネスモデル等が含まれており、企業を有機的に理解するうえで不可欠な要素が満載である。京都大学経済学部では、川北教授の指導により2014年度より日本を代表する企業経営者が自らの経営理念、戦略を学生に語る講義「企業価値創造と評価」が開催されており、これは学生に対して大きな勇気を与えるものであると同時に、われわれのような長期投資家にとっても豊かな示唆を与えてくれている。

　2015年度の講義でご出講いただいた企業経営者の生の声には、第2章以降で触れてもらうこととして、本節では、それぞれの講義の長期投資に対するインプリケーションを記述することとしたい。なお、登壇企業の1社である京都銀行については、同じ「企業価値」を評価する者として詳細に述べることは避けるが、柏原会長（役職は講義時点）の講義録（第4章）を読み、京都の地が世界に名だたる多くの企業を輩出してきた背景に思いを馳せていただきたい。

1　クボタが挑戦する長期的な潮流

(1)　クボタ──世界の食糧問題を事業機会とする（第2章）

　講義録にあるとおり、クボタは久保田権四郎氏が1890年に創業した水道用鋳鉄管事業を起源としている。当時、コレラ等の水系伝染病が全国的に流行したため、水道の整備が急がれているなかで、久保田権四郎氏は水道用鋳鉄管の国産化に初めて成功した。以来、「社会的課題解決に挑むこと」を企業精神として受け継ぎ、食糧不足を解決するべく農業機械を製品化し、公害問題を解決するべく水処理施設、焼却炉施設を事業化してきた。

　特に売上高の65%を占める主力事業であるところの農機事業は、人類が必ず直面する世界の食糧問題を事業機会としており、それが長期的かつ巨大なものであることはいうまでもない。2000年に61億人だった世界の人口は、

2050年には96億人と1.57倍に持続的に増加すると見込まれている。また中国をはじめ新興国の国民の生活水準が向上するなかで「肉食化」は不可避な潮流であり、飼料用穀物は不可欠な財として増産されなければならないのだ。加えて化石燃料の枯渇が叫ばれるなかで燃料用穀物も長期的な需要の一部となっている。半面、耕作適合地には限りがあるため、この問題を解決するためには生産性をあげることが不可欠である。

　クボタは、従来、日本の稲作用農機を開発、製造し、その高い性能はアジア各国の稲作地域において高く評価されてきたし、そこを主戦場としてきた。今後も稲作地域での優位性を堅持しながら、新たな挑戦として畑作用農機の分野に進出しようとしている。世界中の畑作面積は稲作面積の4倍あり事業機会は大きいが、現状は欧米企業の独壇場である。まさに大きな挑戦といえよう。

⑵　長期投資家にとっての長期的な潮流とは

　われわれは企業価値を評価する際にDiscounted Cash Flow（DCF）モデルを使う。各々の企業がすべて異なるビジネスモデル、コスト構造をもつため、DCFモデルはすべてテイラーメードなのだが、大きな構造は変わらない。すなわち、予測可能と思われる中短期（3〜5年）のキャッシュフローの現在価値とそれ以降の永続価値（Terminal Value）の現在価値を足し合わせるという概念である。実際の企業価値算出において、ほとんどのケースで企業価値の8割を永続価値が占める。通常のDCFモデルを企業価値評価に使う場合、企業は永続するもの（Going concern）であるとの前提を勘案すると当然の帰結ではある。永続価値の重要性にかんがみると、企業が営む事業がなんらかの長期的潮流に乗っていることは、企業価値評価の合理性を確保するうえできわめて重要なことである。長期投資家が潮流を考える場合、以下の二つの点に留意する必要があると考える。

① 　不可逆的かどうか……株式市場で話題になるようないわゆる「投資テーマ」はほとんどが長期的潮流とは言いがたい。「太陽光」だとか「インバウンド」のように、政府の方針や為替動向で大きく方向性が変わる類のも

のは長期投資家にとっては単なるノイズである。これらの「投資テーマ」
は基本的に証券会社や運用会社の宣伝にすぎない。われわれが考える長期
的潮流は、人口動態のような不可逆的な方向性を意味する。たとえば人口
動態はある時点での所与のデータであり、出生率等とともに考え合わせる
ことで、将来の人口動態もある程度の合理性をもって予測することができ
る。実際には、人口動態を使って中短期の需要動向を予測してそれを株式
投資に活用することができるなどとは期待してはいけない。しかし大きな
潮流がどちらに向かっているのか、ということに一定の仮説を与えてくれ
る重要な統計である。

② 検証可能性はあるか……われわれは、長期的潮流として、「中国の機械
化」「医療の効率性」等15程度のものを実際にイメージしているが、これ
らはすべて仮説にすぎない。投資の精度を上げるためには、それらの仮説
は検証されなければならない。したがって、潮流の方向性を定点観測でき
るように、なんらかの数値になっている必要がある。

2　リンナイにみる付加価値の見える化

(1)　リンナイ──熱と暮らしをサポートする高付加価値企業（第3章）

リンナイはガス機器を主力とする熱機器メーカーであり、2015年3月期の
売上高は2,950億円、営業利益は307億円（営業利益率10.4%）と、日本の住
設メーカーとしては例外的ともいえる高い付加価値を築いている。

熱機器は人々の暮らしに不可欠である一方で、一度事故を起こすと直ちに
人命にかかわるため、そのメーカーには高い技術力と信頼性が求められる。
当社は、創業者から続くモノづくり精神を企業文化として受け継ぎ、「熱」
にかかわるコア技術を徹底して高めることで、高い品質と安全性を実現し、
ガス機器メーカーとしては世界で最も長いトラックレコードを有するといわ
れている。

海外展開に対する考え方も出色である。当社は、現地生産、現地販売の徹
底を標榜しており、現地の消費者から自国のメーカーだと誤解されることも

第1章　長期投資の本質　17

しばしばだという。その背景には、「相手を尊敬し共存していく」という考え方のもと、高い技術力・製造ノウハウを惜しみなく現地パートナーに与え、その対価として現地に根ざした販売網やサービス体制の提供を受けるという、Win－Win関係の構築がある。海外展開にあたって、現地法人のマネジメントや販売網の開拓に苦心している日本企業は多いが、当社の事例はおおいに参考になるのではないだろうか。

(2) 付加価値の見える化

熱・エネルギー機器という今後も世界中で着実に需要される市場において、世界トップクラスの技術力、品質を武器に企業価値を増大させていこうとする戦略は理解しやすく、特にこの10年の企業業績は戦略の正当性を証明している。収益性改善の着実さは目を見張るものがあり、そこに名古屋企業特有のDNAを感じ取ることができる。

当社において顕著にみられる、経営戦略（理念）と経営実績（現実）との高い整合性はいったいどこからくるのであろうか。われわれは内藤社長が講義でも言及した「付加価値の見える化」にその一因があると考えている。当社は「付加価値」を「売上げ－原材料・資材費」と定義し、その計数をすべての部門で相互に、そしてタイムリーにみることができるようにシステムを構築している。企業分析の現場で感じることは、多くの企業が、企業戦略が理念レベルで止まってしまって、企業収益という現実レベルまで遂行できていないことである。目標を単純に現場に落として達成を強制するようなやり方は論外だが、経営には、経営目標と現場における活動（開発、生産、営業）を合理的に結びつけることが求められる。

付加価値を企業戦略遂行の経営指標として現場の目標レベルまで落としていくという考え方は別に目新しいものではなく、実際にEVA（Economic Value Added）を用いた経営戦略指南を行っているコンサルティングもあり、有名なところでは花王、HOYAのようにEVAと同様の概念を改良して成果をあげている企業も存在する。ここで大切なことは、自社に適した付加価値の概念を定義し、その結果を「見える化」することで組織間の情報の断

絶を和らげることである。EVAは資本コストやキャッシュフローの定義が複雑なため、現場での透明な共有が必ずしも容易ではなく、ブラックボックス化してしまう危険性がある。当社においては「付加価値」をより単純に定義することで共有しやすくしていると考えられる。こうして共有できる価値の指標を用いて、営業部門には「顧客への付加価値提供」を、そして生産部門には「生産効率の改善（内製化含む）」をみえるかたちで促し、企業全体としてシンプルに「付加価値」を追求することに成功しているのではないだろうか。

3　小林製薬にみるビジネスモデルの重要性

(1)　小林製薬——小さな池の大きな魚（第5章）

　当社は1886年創業の医薬品、トイレタリー製品の製造販売会社である。2015年3月期の売上高1,283億円、営業利益179億円（営業利益率14.0%）。

　当社はもともと医薬品卸売りを祖業とし、現在の製造業としての部門のほかに医療機器部門ももっていた。しかし、医薬品卸売り部門は2008年に、医療機器部門は12年にそれぞれ売却し、現在は医薬品、トイレタリー製品の製造販売という事業のみに集中している。これは、売上げや規模の大きさを重んじる日本企業が多いなかで出色の戦略である。この選択はすべて講義でも取り上げられている「小さな池の大きな魚」戦略を忠実に実現した結果である。この戦略はマーケティング的にはいわゆるニッチトップ戦略である。ナンバーワンシェアのとれるニッチな市場だけをターゲットにすることにより、もしくはそのような新しい市場を創出することにより、圧倒的な影響力と収益力を確保してきた。第1節で述べたように多くの日本企業がデフレや低収益性に苦しむなか、当社は17期連続増益、16期連続増配を継続中である。

　当社のもう一つの大きな特徴は、従業員をイノベーションに駆り立てる仕組みづくりである。講義のなかでも触れられているように、小林会長はさまざまな大小のアイデアを用いて「全員参加型」の経営を実践している。組織

の官僚化を阻止するために考えつくあらゆる手法を導入している姿に、オーナー経営者の圧倒的な主体性と長期的な戦略性をみることができる。質疑応答においては「オーナー経営」についてのメリットについて言及があり、おおいに刺激的な講義であった。

(2) ビジネスモデルの重要性

ビジネスモデルは企業が競争を勝ち抜くうえでの木の「幹」のようなものであり、その「幹」を太く強くしなやかに保つことが持続的成長につながる。一方、われわれのような企業の外からその企業を評価しようとする者は、企業内部の管理会計上の細かい情報や人事にかかわるような重要情報にアクセスすることはできない。ビジネスモデルとはそういった外部評価者にとって、企業を理解する有効なツールである。われわれが現実に個別企業の企業価値評価をする際にもビジネスモデルの特徴を取り込んでいる。たとえば、少品種大量生産のビジネスモデルをとっている企業を評価するには、変動費固定費分解を取り込んだDCFを使わなければキャッシュフローを予測することはできない。また小林製薬のように「ニッチトップ」というビジネスモデルをとる企業の価値評価にはブランドごとの収益・コスト構造をDCFに取り込むことが必要となろう。

分析対象企業のビジネスモデルの理解で留意しなければならないことは、あくまでも自らの頭で考えよ、ということである。ビジネスモデルは、企業の収益構造の骨格についての仮説にすぎない。したがって、企業が提示しているビジネスモデルをそのまま信じることは危険であることはいうまでもないし、リスクをとっていない評論家や証券アナリストが書いているようなビジネスモデル論議は信用に値しない。あくまでも自らの頭で分析対象企業のビジネスモデルを理解し、腑落ちさせることが重要である。

そこまである企業のビジネスモデルについて深く理解していると、まったく異なる産業のまったく異なる事業をみるときにでも類似性がみえることも多い。企業分析をするときに、このような「引き出し」をいくつもっているかが独創的な企業価値評価の鍵となる。

4 MonotaROにみるリーダーシップ

⑴ MonotaRO──顧客に対する付加価値提供を他のだれもがまねできない
排他性をもって行う（第6章）

MonotaROはB to Bの間接財をインターネットで供給する企業であり、2000年の設立以来、いまでは売上高449億円、営業利益63億円（2014年12月期）と破竹の勢いで急成長を続ける注目企業である。従来、工場の周りに存在する零細工具商が行ってきた間接財の供給を、インターネットを活用して代替するビジネスであるが、講義において、創業者である瀬戸会長は、①従来の一物多価の常識を崩し、ネットを使って一物一価主義を導入することにより、顧客にとっての付加価値（利便性・コスト）を飛躍的に増大する、②データベースマーケティングを導入することで他社が参入しにくい仕組みをつくることが、そのビジネスモデルのポイントであると言及した。瀬戸会長（当時）がMonotaROのビジネスモデルを、顧客に対する付加価値提供（＝一物一価による利便性）を他社ができないやり方で行う（＝データベースマーケティング）というシンプルな言葉で表現したことは、長期投資に適した企業としてわれわれが考えているビジネスの属性と符合していると感じずにはいられない。

企業が価値を創出するということは、その企業の顧客、ひいては社会に対して付加価値を提供したことの結果だが、そこに持続性を求める場合、単に付加価値を提供することだけでは不十分である。競合他社が追いつけない仕組み、敵わないという競争優位性をもって付加価値を提供することが必要となる。付加価値のある財・サービスを排他的に提供できる企業こそが持続的に企業価値を増大させることができる企業であると考える。

瀬戸会長は、これから社会に出る学生に対して、起業までの道のり、起業のポイント、世界で働くことの重要性について、自らの個人的な体験を交えてわかりやすく語りかけてくれた。

(2) 脳みそから血が出るまで考える瀬戸会長のリーダーシップ

　経営者の資質については、前著『京都企業が世界を変える』第8章で考察したとおり、①投資家のように事業を俯瞰する能力、②事業を運営する能力に分けて考えている。これらは、実際の事業経験、MBA取得等の学修経験により後天的に身につけることができる能力であり、この点についてゼロから事業を立ち上げた瀬戸会長について、いまさら議論する必要はない。今回の瀬戸会長の講義で気づかされたことは、リーダーシップの重要性である。

　リーダーシップは定義する人によってさまざまだが、おおむね「ビジョンを描き、組織を巻き込んで実現する力」といえよう。すばらしい経営者、リーダーに共通することは、圧倒的な「想いの強さ」である。だれよりも考え、だれよりも働き、その想いのために、無私に身を投じることのできるリーダーでなければ、人はついてこない。そしてこの想いの強さというものは、ある程度先天的なものか若い間に形成される内的動機であり、学習して得られる類の資質ではないと個人的には考えている。瀬戸会長も学生との質疑応答のなかで、「脳みそから血が出るぐらい考えて、考えに考え抜いて、「もうこれ以上俺は絶対考えられない」というぐらい考えて、それでほかのやつに「どう思う」といって仲間を集めて、金を集めに行く。そこまでやる真面目さや熱意が、いままで会った人にはそんなにない」（本書156ページ）とコメントしている。

　当然ながら、われわれは経営者の情熱に投資しているわけではない。情熱だけで持続的なキャッシュフローが創出できるほどビジネスは簡単ではないので、われわれは経営者には惚れ込んだりしないように自戒している。しかし経営者に巨大な情熱と正しい野心がなければ、どんなに高い資質をもった経営者であっても持続的に他人（組織）を巻き込むことはできない。創業経営者の場合は当然に巨大な情熱とインセンティブを有していることがほぼ確実なので問題はないが、大企業のサラリーマン経営者の場合はよく見極める必要があると考えている。

　話は脱線するが、いま若い人たちの間では、仕事にそこまでのめりこむの

は「ワーカホリック」であるとして敬遠されがちである。サラリーマン社会では、「ワーク・ライフバランス」という言葉が声高に叫ばれ、また労働基準監督署は超過労働に目を光らせている。たしかに労働を身体と時間の関数であるととらえる旧態依然とした労働観のもとでは、労働は人生を磨り減らすもの以外の何物でもない。あくまで私見だが、少なくともこのような労働観をもっている人はCEOには向かないだろう。オンとかオフとかいっている時点で競争には勝てない。いま、世界では一握りの異才が世界を変えようとしている。アップルの故スティーブ・ジョブズ、アマゾンのジェフ・ベゾス、テスラのイーロン・マスク等、これらの桁違いの経営者はウォール街の株主などには目もくれず「世界を変える」と公言してはばからない。歴史的にみても、古くはエジソン、JPモルガン、日本でも本田宗一郎、松下幸之助等、一握りの異才が世界を変えてきたことにはあまり違いはないかもしれない。しかし、インターネットの普及によりイノベーションのスピードが格段に速まり、人間がもっている巨大な情熱の表現に対する障壁が取り払われ、「脳みそから血が出るまで考える」ことが報われる時代が到来している。

5 京セラにみる企業文化の重要性

(1) 京セラ──企業の基盤をなす理念（第7章）

京セラは1959年に稲盛和夫氏が設立した電子部品大手企業。セラミック部材を中心にファインセラミック、半導体部品、電子デバイス等を全世界で製造、販売しており、2015年3月期の売上高は1兆5,265億円、営業利益は934億円である。

いまでは押しも押されもせぬ大企業となっているが、創業からの歴史は必ずしも順風満帆ではなかった。当時の日本の産業界は重電系のセラミック部材はほぼ系列メーカーで占められていたため、新興企業の参入は事実上不可能だった。今後の成長が見込まれる半導体に焦点を定めた稲盛氏はアメリカに渡り、フェアチャイルド社、IBM社からの大型受注契約を獲得する。それも決して準備万端というより、おおいに背伸びして「できます」と宣言した

第1章　長期投資の本質　23

ものであることが講義において述べられている。従業員の生活を第一に考える独特の企業文化も創業3年目で起きた若手従業員の団体交渉が契機であったという。稲盛氏をはじめとする当社役職員が幾多の困難に接するなかで、当社の事業基盤、企業文化が主体的に形成されていったさまが久芳会長の話からありありとうかがえた。

(2) 企業文化の重要性

　企業文化は、社風や福利厚生と混同されやすい。就職活動時にリクルーターが「うちの会社は働きやすいよ」という抽象的な雰囲気は、社風であって企業文化ではない。また、オフィススペースがお洒落だとか、フリードリンクだとかいう具体的な仕事環境は福利厚生であって企業文化ではない。<u>企業文化とは、抽象性は高いものの、そこに従事する経営者、従業員が拠って立つべき「価値観」を表象するものでなければならない。</u>経営者、従業員の憲法としてすべての事業遂行の根本原則でなければならない。

　京セラは稲盛会長のリーダーシップのもと、非常に際立った企業文化を醸成することに成功した企業だが、グローバルにも際立った業績をあげている企業は、すべて際立った企業文化と企業哲学を有しており、それが実際の経営方針、現実の業務レベルまで染み渡っている。グーグルの「Don't be evil」、Johnson & Johnsonの「Our Credo」、ITWの「80/20 Principle」等あげればきりがないが、どれか一つでもぜひ「ググって」読んでいただきたい。

　企業文化はそのもの自体が直接にキャッシュフローを生む類のものではない。しかし、その重要性は経済が成熟し、高度化すればするほど高まっていく。それは次のような背景と時代の要請があると考えられる。

① 　内因的動機＞欠乏動機……経済発展の初期段階では、人は単純に金・食料のために働き（欠乏動機）、これらの外因的動機づけのほうが利きやすいため、企業文化のようなものは重視されないが、経済が成熟段階に入り、ものが溢れてくると、労働の動機が「やりがい」「自己の成長」といった内因的な動機の重要性が増す。まさに人はパンのみのために働くにあらず、ということである。

② 優秀な人材を惹きつける……企業文化に表象される企業の価値観が他社と差別化されている場合、とびきりに優秀な人材を惹きつける要因になりうる。そしてその企業文化が実際に組織内に浸透している場合、優秀な人材を組織内にとどめておくことができる。

③ プロフェッショナルの主体性を引き出す……経済が成熟化するなかで、顧客のニーズは多様化し、競争環境も複雑化する。答えのない事業環境のなかで生き残るには、現場におけるイノベーションは不可欠である。現場でしか気づきえないイノベーションを引き出すには、プロフェッショナルの主体的なコミットメントが重要であり、企業文化はこのコミットメントを引き出すのに大きな役割を担う。

④ グローバルなDiversityを促進する……企業活動がグローバルになればなるほど、顧客も人材も多様化していく。Diversityとはやみくもに多様性を受け入れることではなく、多様性をお互いに尊重することである。そのためには、自社、自国の歴史・文化・価値観についてプライドをもち、発信できなければならない。2014年度の講義にご登壇いただいた堀場製作所の堀場会長には、グローバル化に成功している企業としてその秘訣を語っていただいたが、「京都企業としての強烈なまでの誇り」が同社の企業文化の芯にあり、Diversityの要諦であると感じた次第である。

以上のように企業文化はますます重要になっているが、その醸成は簡単ではない。まず、企業文化の醸成にとってすべてのスタート地点は、経営者（創業者）のビジョン・情熱である。それを年月をかけて、繰り返し繰り返し実際の仕事のなかで溶け込ませていくという気の遠くなるような執念が結果として企業文化として息づき、創業者が去った後も引き継がれていくものなのではないだろうか。われわれも企業訪問を定点的に繰り返し、さまざまな階層のプロフェッショナルとのインタビューを何年にもわたって継続することで、その企業のDNA、企業文化にたどり着くことが長期投資家としての仕事の一つであると信じている。

第 3 節 現代の資本家

1　株主の変容とオーナーの不在

　株式投資とは、事業に対するキャピタルアロケーション（資本配分）であり、事業に対する主体的なオーナーシップを発揮するものであるとの考え方は、バフェット氏や一部のValue投資、エンゲージメント型投資の世界では強烈に受け継がれているが、一般的な株式市場ではその概念が希釈化してしまっているように感じる。これにはいくつか理由があると思うが、ドラッカーも指摘しているとおり、投資家の機関化が大きな要因であると考えている。金融機関、年金基金等のサラリーマンが株主になり、しかも四半期、年度で評価が決まるとすれば、長期的な事業リスクを構造的に許容できなくなる。その動きに拍車をかけたのが、20世紀後半に確立した近代ファイナンス理論である。近代ファイナンス理論は要するに「企業を分析して選ぶことは超過リターンを生まないので時間の無駄であり、インデックス投資が効率的である」と教えているが、この理論は、事業オーナーとしての責任を負うことを拒否する機関投資家にとってはまさに「渡りに船」的な理論的支柱を与えてしまった。結果として、資本市場は、まるで実業界とは隔離して存在するかのように扱われ、「資本家（オーナー）」という発想そのものが希釈化してしまったと考えている。以下ではこの事象を「実質的オーナーシップの希釈化」と定義して議論を進めたい。もちろん議決権行使という観点において、法的にオーナーであることは間違いない事実だが、ここでいう実質的オーナーシップとは、もう少し踏み込んだ概念であり、事業に対する本質的理解、資本家として経営者と同じ舟に乗る、といった経営者との関係性を意味する。

　株主資本主義が強いアメリカですら、このような状況なのだから、伝統的にメインバンク制度を核とする間接金融が強い日本は、近代ファイナンス理

論の盲目的輸入の前に、資本家的発想が根づく風土は非常に限定的だったといえよう。その一つとして興銀や長銀等の一部の銀行は長期融資業務を通じた資本家的発想の土壌はあったと思われるが、資金余剰が常態化するなかで債権者全体としての地位も下がらざるをえず、結果として資本家的役割を果たすには至らなかったというのが私見である。

2　実質的オーナーシップ不在の功罪

投資家の機関化は資金の効率的運用というメリットを実現してきたが、同時に実質的オーナーシップの喪失により本来オーナーが果たしてきた役割が失われ、企業経営への悪影響も無視できなくなってきている。オーナーとは、その企業を主体的に選択し保有する者であり、創業経営者や資本家がこれに当たる。実際に経営に関与していようといまいと、オーナーは主体的に事業を保有しているので、経営に対するガバナンスを発揮することができる。オーナーは、その事業で起こる問題を自らのこととして理解し、自ら責任をとる覚悟ができている者である。

実質的オーナーシップの希釈化に伴って生じる問題は、①ガバナンスの弱体化（経営者と資本家のコミュニケーションの弱体化）、②長期目線の戦略の欠如があげられる。それぞれ分けて考えてみたい。

① 　ガバナンス問題……オーナーがいれば、経営者はそのオーナーとコミュニケーションをとればよいのであり、そもそもガバナンスの問題は生じにくい。オーナーが経営者の任免権をもっているからである。またオーナーと経営者が一致しているケースはすべての責任をオーナー経営者が負うものであり、これはガバナンス以前の問題である。よくオーナー経営者の独走を許さないガバナンスが必要だと叫ぶ外部株主がいるが、本当に嫌ならその企業に近づかなければよいし、オーナー経営者からすれば、「大きなお世話」なのだ。

したがって、ガバナンス問題はオーナー不在のケースを考えればよい。すなわち株主であるサラリーマン機関投資家が、いかにして経営陣を統制

第1章　長期投資の本質　27

するのかという問題に帰着する。このガバナンス問題に対処するべく、スチュワードシップ・コードおよびコーポレートガバナンス・コードという車の両輪ともいうべき政策対応が議論され、導入された。

・スチュワードシップ・コード……運用者に経営者との建設的対話を促すものであり、資本家的視点をもって実質的オーナーシップを発揮している運用者にとっては、当然の仕事である。しかし機関投資家のなかにはパッシブ投資家に代表されるように主体的に対話できる素地がないケースが多いのも事実である。上記に整理したように、投資家の機関化によってサラリーマン投資家は、法的には所有者ではあるものの、意図して実質的オーナーシップを放棄しているのであり、そこに「もう一度オーナーのように振る舞え」というのは酷である。また経営者サイドからすれば、別に自社を主体的に選んだわけでもないパッシブ投資家や短期的に売買する株券としてしかみていない投資家と経営の重要事項について議論することは時間の無駄である。投資スタイルによるきめ細かい運用が必要であろう。

・コーポレートガバナンス・コード……コーポレートガバナンスとは、本来、株主と経営陣の牽制機能を主とした企業統制の仕組み（ブレーキ的な機能）であると私は理解しているが、今回制定された日本版コーポレートガバナンス・コードは「透明・公正かつ迅速・果断な意思決定を行うための仕組み」として企業経営者を前向きにサポートする仕組み（アクセル的な機能）も含むとされる。いずれの解釈であっても総論で反対する人はいないであろう。ただ、これも先のスチュワードシップ・コードの項で記述したとおり、投資家サイドにオーナーシップに裏打ちされた主体性が欠如している場合、本当に経営のアクセル的機能を期待できるのかどうか疑問である。また株主サイドに立った取締役会を実現するべく「二人以上の社外取締役の導入」も決まっているが、そもそも株主が資本家らしく振る舞うことが根本的に重要なのではなかろうか。そうでなければ「仏つくって魂入れず」ということになりかねない。社

外取締役制度も含め、最も先進的なコーポレートガバナンスをもっていたとされる東芝の残念なケース等を分析し、よい制度をつくっていく必要がある。

② 長期目線の戦略の欠如とESGの関係……実質的にオーナーシップが機能していれば、その長期的な事業継続を視野に入れているため、オーナーの形態にかかわりなく（経営者or資本家）、社会・顧客との共存といった長期目線での戦略が主体的に立案・遂行される（もちろんその戦略の質は戦略立案者の能力に依存することはいうまでもないが）。これは事業成功の果実が、現在ではなく将来の受益者に受け継がれることを想定しているから当然である。目先の利益ではなく、将来の利益や名誉が優先されることから、社会に反するような事業や、環境に配慮しないような事業は、当然に排除されるのである。しかし、実質的オーナーシップの希釈化によって、それまでは当然に排除されていた社会発展に反するような事業を監視するシステムを導入しなければならなくなった。これが最近声高に叫ばれている「ESG投資」、すなわち、環境（Environment）、社会（Social）、ガバナンス（Governance）を重視する投資の背景であると私は理解している。この運用手法は、オーナーシップが希釈化した機関投資家の「中短期分散投資」では長期目線が失われてしまうという危惧に対する一種の対症療法であり、近代ファイナンス理論を根拠に、「企業選択をしない」ことを選択することで、効率的に運用してきたことのゆり戻しの一種なのだろう。

しかし本来的には企業選択には足も頭も使わなければならない。企業が営む事業に持続性があるかどうかを判断するにはコストがかかるのである。投資家が長期のキャピタルアロケーションを行うという「資本家的発想」で長期投資を行えば、コストはかかるものの、社会の発展に反するような企業を排除できる可能性は高いと考えている。

近代ファイナンス理論に基づく「中短期分散投資」＋対症療法としての「ESG重視」がこの問題に本質的にアプローチできるかどうかは興味のあるところだが、少なくとも形式的にESGを評価しようとすれば失敗する確

率は高いだろう。なぜなら形式的基準はどんなものであれ、要領のよさ（悪くいえば狡猾さ）だけが重視されるからである。最近問題になっているフォルクスワーゲンは問題発覚までは環境にやさしい会社として、ESG的に非常に高い評価を受けていた企業であったという事実を真摯に受け止める必要がある。

以上のように今日的に問題になっているガバナンスの問題や経営の長期目線の欠如は、部分的には投資家の機関化に伴う実質的オーナーシップの希釈化に本質的に起因しており、これらの問題に効果的にアプローチするには、オーナーシップの希釈化をいかに補うのかという根本的な視点が重要だと思う。

3　現代の資本家になろう

資本主義の変容とともに運用業界は機関化し、資本家と事業家の関係が希釈化してきた。この問題に対処するべく上記で議論したように具体的なアプローチもされているが、根本的な解決の糸口は、実は個人投資家にあると考えている。

本来的に個人投資家は金額的な多寡はあるとしても、自らの資金をすべて手元に置いておく必要はなく、自らの子どものため、孫のため、受け取るタイミングを10年後、20年後に伸ばすことのできる長期投資可能な資金の出し手である。たしかに20世紀はアメリカを中心とする産業化の時代であり、労働者である個人は、時間的、能力的制約のなかで、その資金をいわゆる「運用のプロ」に預けざるをえなかった。しかしその「運用のプロ」は、サラリーマン機関投資家であり、中短期の収益を追わざるをえず、近代ファイナンス理論の浸透とも相まって、企業選択能力が中短期目線に偏ってしまっているといわざるをえない。その悪影響の対処法としてESG、スチュワードシップ・コード等の付加的なコストがかさむ運用商品ができてくるのは、本来的に長期投資が可能な個人にとっては完全に本末転倒である。

ここで「本当に個人は資本家として時間的・能力的制約を受けているのだ

ろうか」という疑問に立ち返る必要がある。時間的制約は本人の個人的な資源配分の問題であるから捨象するとして、個人には資本家としての能力はないのであろうか。繰り返しになるが、資本家としての能力とは、事業の経済性を判断することである。事業の長期的な経済性を知るには、情報を入手し、情報を分析しなければならない。つまり、先の疑問は、個人と「運用のプロ」との間に情報の非対称性があるか、という問題に帰着する。

① 情報の入手……情報には、企業の沿革、長期の財務データ、経営者のコメント等が含まれる。2000年以降、インターネットで瞬時に大量の情報にアクセスできるようになったので、長期的に企業を評価するために必要な情報という面での情報の非対称性は小さくなっている。たしかに四半期ごとに売買するタイプの投資（というか投機）をするうえでは「運用のプロ」との情報の非対称性は圧倒的に開きがある。したがって、中短期で投資するなら手数料を払って「運用のプロ」に任せるほうが自分で売買するより合理的である。

② 情報の分析……ここで分析しなければならないことは、「1年後に株価が上がっているかどうか」ではなく、「自分のお金を預けると、預けた以上の資産価値を自分の子どもに残せるか」ということに尽きる。ここで必要な能力はオプション理論やCAPM等の近代ファイナンス理論ではなく、財務諸表を読んで理解し、①で仕入れた定性的非財務情報と有機的に結びつけて仮説を構築・検証する能力である。とてもむずかしく書いてしまったが、一般的なビジネスパーソンが自らの仕事のなかで修得していなければならない能力そのものであり、なんら特殊なものではない。逆にいうと、この能力を身につけていると、どんな会社でもどんな業種でも重宝されるだろう。ただしこの能力は自然に身につくものではなく、常に考え、試行錯誤を繰り返して、時には痛い目に遭わなければならない。

以上のように考えると、資本家的に資産を長期配分するうえでの「運用のプロ」との情報の非対称性はあるか、という質問に対して、2000年以前であれば、「ある」との結論になったであろうが、いまでは努力次第で「大きく

第1章　長期投資の本質　31

ない」ということができる。

　もっとも、運用会社に任せようとして資本家的に長期投資を行っている運用会社を探したとしても、バークシャー・ハザウェイ社（バフェット氏）や一部のバリュー投資会社しかないため、結局は自分で行うしかないのが現状だ。そして、もしそのような運用会社を見つけたとしても、安易に預けず、その運用方針と現実の運用が合致していることを確認することが重要である。そのためには、自分で調べて、納得できる企業がポートフォリオに入っていることを主体的に確認することをお勧めする。結局は運用会社に預けようと自ら投資しようと、どちらのケースであっても自ら企業分析する能力は磨かなければならないのだ。

結論：楽して儲けることは不可能である。

4　もっと広く、もっと自由に──本章のまとめ

　資本家的発想は人生を豊かにする。長期的に自らのお金を配分することによって、すばらしい経営者、強い企業に自らのかわりに儲けてもらうことができるのである。サラリーマンとして日々身を粉にしながら働きつつ、日本電産に投資することで「永守重信」という稀代の経営者を雇うこともできるし、トヨタに稼いでもらうこともできる。発想を変えて、想像力を発揮しよう。

　第1節で詳述したように、日本企業は総体としては将来的にも厳しい環境にあるといわざるをえない。しかし気にすることはない。資本家には国籍など関係ない。グーグルに資本配分すればラリー・ペイジが、Facebookに投資すればマーク・ザッカーバーグがあなたのために働いてくれるのである。中学からいやいややってきた英語（少なくとも私のケース）がここで活きるのである。インターネットにより、海外企業の年次報告書等の情報もタイムリーにそして大量に手に入る時代になった。インターネットの出現は、われわれ資本家を国境から解放してくれたのである。インターネットはアマゾン

でものを買うために存在すると同時に、アマゾンのジェフ・ベゾスを雇うた
めのツールを与えてくれたのだ。

　現代の資本家の前には前途洋々たる投資機会が広がっている。

　農林中金バリューインベストメンツ株式会社はお客様を特定投資家に限定させていただ
いており、一般投資家の方には助言サービスをご提供しておりません。

第 2 章

クボタ
挑戦するクボタ

株式会社クボタ 代表取締役社長　木股　昌俊
（講義日：2015年 5 月21日）

皆さん、こんにちは。ただいまご紹介いただきました株式会社クボタの木股でございます。今日は、このような機会をいただきまして、大変うれしく思っております。

　皆さんのなかにはクボタという会社をよく知らないという方もたくさんおられるとは思いますが、クボタは、口幅ったい言い方をしますと、人が生きていくうえで欠かすことのできない「食糧」、それから「水」、もう一つは「環境」、そういう分野において社会に貢献し続けたいと思っている会社です。また本当のことをいいますと「エネルギー」とつけ加えたいんですが……。

　今日この場にいる皆さん方は、自分たちで意識しているかしていないかにかかわらず、将来の日本や世界を背負っていく方々、あるいは背負っていってほしいと思われる方々ばかりでしょう。その皆さん方が、これから私の話を聞かれまして、日本あるいは世界とどのように向き合っていこうか、そしてさらにはどうやって貢献していこうかということを少しでも考えていただければいいかなと思っております。

　それでは、これから「挑戦するクボタ」ということで話をさせていただきます。

　私は、トラクタ、エンジンの生産拠点がある茨城県の筑波から仕事をスタートしまして、その後ずっと筑波にいたわけですが、アメリカで工場を建てようかという話がちらほら聞こえた時に、私もぜひアメリカで挑戦したいということで、海外勤務を自ら希望しました。また、2010年にはタイのクボタの社長としても海外経験をさせてもらっています。工学部出身ということで入社してから工場の経験が長くありましたが、現在は、営業や調達部門を経験したことを糧に社長になり、1年しかたっていません。新米の社長ですが、日々奮闘しているという状況にあります。

　今日は、創業者精神と会社概要、次にいろんな事業のなかでも特に農業機械と食糧分野での事業展開、そしてわれわれの社員について紹介をしていきたいと思います。

36

第 1 節　創業者精神と会社概要

　クボタは1890年に創業いたしまして、2015年で126年、もうちょっとしたら130年という長い歴史をもっております。前年度は、おかげさまで、売上高、営業利益ともクボタにとって過去最高となりました。日本の規模でいいますと、売上げでは何とか100位以内に滑り込んで93位、それから営業利益では頑張って34位というところです。株式時価総額でいいますと、昨日（2015年5月20日取引終了時）時点で51位。その1時間前は49位だったんですけど、最後に株を売られてしまって51位になったんです。機械メーカーでは三菱重工業さん、そしてコマツさんと前後している、そういったイメージをもってもらえればと思います。

　従業員は約3万5,000人、そのなかで海外は1万人です。世界各国でいろいろなクボタマン、クボタウーマンが働いていますので、図のように、2年ほど前に「Global Identity」というものを制定しました（図表2-1）。ブランドステートメントもあり、「For Earth, For Life」です。海外の人にもわかりやすく、またクボタが創業からずっともっている信念を理解しやすいものにしています。図の右はクボタグループが「食糧」「水」「環境」という分野で社会の発展に貢献していくぞという決意を表しています。

　クボタの創業者は久保田権四郎、広島県因島の出身です。貧しい農家の末っ子でして、小学校を出てすぐ、14歳で大阪に単身で出てきまして、鋳物屋ででっち奉公をしていました。頑張って独立するぞという気持ちで倹約を重ねて100円をためました。現在のお金では100万円くらいだと思います。そのお金を元に19歳で独立し、1890年、明治23年という古い話ですが、大出鋳物（現クボタ）を創業しました。

　皆さん方にはイメージできないでしょうが、創業した当時、日本ではコレラなどの伝染病が大はやりでした。たくさんの人が亡くなっています。そこで水道の整備が急がれたわけですが、それまでの水道用の鉄管は海外からの

図表2−1 Global Identity

Kubota Global Identity

スピリッツ―私たちの精神・姿勢―
一．総合力を生かしすぐれた製品と技術を通じて社会の発展につくそう
一．会社の繁栄と従業員の幸福を希って今日を築き明日を拓こう
一．創意と勇気をもって未知の世界に挑戦しよう

ブランドステートメント―私たちの約束―
For Earth, For Life
Kubota

ミッション―私たちの使命―
人類の生存に欠かすことのできない食糧・水・環境。クボタグループは、優れた製品・技術・サービスを通じ、豊かで安定的な食糧の生産、安心な水の供給と再生、快適な生活環境の創造に貢献し、地球と人の未来を支え続けます。

輸入品だけでした。日本の多くの会社がつくろうと思ったんですが、なかなかむずかしい面があり全然だめ。そういうなかで久保田権四郎が初めて日本での鉄管の国産化に成功しました。

　この頃から日本人の平均寿命が劇的に延びています。その理由は、赤ちゃんの死亡率が大幅に減ったということが記録に残っています。クボタによる水道の普及に加えて、塩素で消毒をする体制ができたので赤ちゃんの死亡率が減ったという状況です。久保田権四郎の挑戦と成功がいまのクボタの礎になりましたし、日本の水道の発展とともにクボタも大きくなったんではないかなと、感謝しているところです。

　図では、その権四郎が残した言葉を三つあげています（図表2−2）。さっき申し上げましたとおり、権四郎は安全な飲み水を確保するため、初めて国産の鉄管を開発しました。いまでは想像できませんが、心血を注いで開発し

図表2-2　創業者精神（久保田権四郎語録）

創業者精神（久保田権四郎語録）

●自分の魂を打ち込んだ品物を創り出すこと。
●其の品物には正しき意味に於ける商品価値を
　具現せしむること。
●『必ずできる』という意気込みこそ、
　成功と落伍の岐路をなすものである。

たようで、一つ目は、その気持ちを表してくれています。この言葉は弊社の
モノづくりの原点だと、大切にしています。二つ目は、製品は技術的に優れ
ているだけではなく、社会に役立つものでなければならないということも権
四郎は教えてくれました。単に儲かる製品ではなく、社会に貢献できる製品
をつくれということを口酸っぱく先輩からもいわれています。三つ目は、苦
しくてもやってできないことはないという、強い意気込みで仕事に没頭せよ
ということもいわれています。

　次に、水道用の鉄管で成功したクボタがどんな事業を拡大させてきたか、
主なものだけ紹介します。

　食糧の分野では、第二次大戦後、深刻な食糧不足がありまして、その解決
と、農作業の重労働から解放するということで農業の機械化に取り組み、戦
後2年目に、耕うん機の生産を始めました。次に社会で困ったことは公害で
す。1960年代に公害問題が深刻になった時に、クボタも特に水処理設備です
とか焼却炉の施設で環境に貢献しようと、プラントの仕事を始めました。こ
のように、社会的課題の解決に挑む製品・技術を取り上げようということで
取り組んでまいりました。

第2節　クボタの製品

　クボタの事業や製品を簡単に紹介します。ただ、非常に多岐にわたってお

第2章　クボタ　挑戦するクボタ　39

りますので、主な製品だけ紹介します。

まずは、代表的な農業機械、トラクタです。トラクタ本体だけでは単に走るだけの機械なんですが、トラクタの前後に作業機器（インプルメント）を装着してさまざまな作業を行うことができます。

ちなみに、クボタのトラクタはすべてオレンジ色です。ほかの会社は、たとえばヤンマーさんは赤、井関さんは青、世界で有名ないちばん大きい農業機械メーカーのジョン・ディアは緑色です。

いろんな農業機械のなかでトラクタが最も市場規模の大きい機械です。自慢じゃないんですが、クボタは国内で5割のシェアをもっています。私の初任地は茨城だといいましたが、現住所も茨城にあります。大阪の本社へは単身赴任で行ったり来たりしています。東京から新大阪、あるいは逆に新大阪から東京へ行くときに必ず田んぼや畑をみていまして、オレンジ色が何台あるかと数えるわけですね。トラクタが全部で100台あったら、50台以上オレンジじゃなかったら非常に機嫌が悪くなります。会社に行って人に当たり散らすと。まあ、うそですけどね（笑）。家へ帰ったときは飲み倒すと。この前ゴールデンウイークに帰った時は55％ありまして、非常に気分よくお酒を飲むことができました。

次はコンバインです。稲を刈る機械で、自脱型と普通型があります。自脱型というのは特に日本の稲作向けに開発されたもので、粘り強い米用ですね。普通型というのは、麦ですとか日本以外のお米、あるいは大豆の収穫に使われる。すぐにぽろっととれやすいような品種に適しています。

次が田植機です。単に稲の苗を植えるだけじゃないんですね。田んぼをならし、一緒に肥料や除草剤、殺菌剤もまきます。1台6役ぐらいになるのが田植機です。

それから、ユーティリティ・ビークルです。クボタでも四輪車をつくっていますが、残念ながら北米と欧州だけで販売しています。日本では売っていません。ニーズがないからです。アメリカでは広い農場を走るのに使ってもらえますし、趣味で鹿を撃ちに行くんです、ライフルで。その鹿を載せたり

する。あるいは、もっと極端な人は、私も驚いたんですが、「何に使うんですか」と聞くと、「朝、新聞をとりに行く」と。私の茨城の家は3歩歩けば新聞受けがあるんですけれども、アメリカですと、これに乗って新聞をとりに行くような広大な土地に住んでおられる人がいる。そういうお客さん用になります。

それ以外に、建設機械のミニバックホーですとか小型ディーゼルエンジンもつくっています。これらも世界のトップクラスのシェアをいただいています。

水のほうでは、まずダクタイル鋳鉄管です。水の分野におけるクボタの主力になります。阪神・淡路大震災で水道管は甚大な被害を受けましたが、クボタの耐震形ダクタイル鋳鉄管が使用されていた六甲アイランドではほとんど被害がありませんでした。また、東日本大震災でも、水源から各家庭につながる太い水道管、これはクボタの鉄管が使われていますが、全然壊れなかったということで重宝されています。だんだん大都市圏でも普及していますし、最近ではアメリカのロサンゼルスでも地震が心配だということでどんどん買っていただいています。

鉄管以外の水にかかわる製品として、バルブですとか浄化槽、下水汚泥焼却炉等がございます。ポンプ、あるいは液中膜ユニットというような水をきれいにする機器もたくさんつくっています。また、東京都の下水処理場、多摩川上流水再生センター、こういった処理設備など上水・下水の処理場もたくさん手がけています。

このようにクボタの製品はたくさんあり、製品をすべて説明していたら切りがないので、あとは最近東南アジアで水環境に貢献している事業だけを紹介します。

まずはベトナムでいまやっている排水処理設備です。フォンケという、製紙業の工場が200ほど集まった産業村がありまして、ベトナムにはこういう産業村がたくさんあるんですが、残念ながら排水を垂れ流しています。だんだん規制が厳しくなってきたので、「クボタ、何とかしてよ」といわれまし

第2章　クボタ　挑戦するクボタ　41

て、排水が河川に流れる前に浄化するお手伝いをしています。

　また、ミャンマーでも政府も含めて「日本の企業、ちょっと応援してよ」ということになりました。ティラワという工業団地が急ピッチで進んでいるのですが、そこの上水・下水処理およびポンプも含めた一括の水インフラ事業をやっている最中です。クボタのように、川上から水をとり、排水をするところまで一貫して貢献できる技術をもつのは、世界でも結構珍しい会社だなといわれています。

　それから、パーム油の再生処理もいま手がけており、マレーシア、インドネシア等でやっています。マレーシア、インドネシアの皆さんはかなり困っていました。というのは、油ヤシという植物からパーム油をとるんですけど、その油をとった後の廃液の処理が非常にむずかしくて、これもまた垂れ流していました。汚染がひどいのをクボタで何とかできないかといわれました。その廃液を処理するだけではなかなか採算があわないので、その過程で発生するバイオガスを集めまして、ガス発電をしています。いわゆるバイオ再利用プラントを手がけているということです。油ヤシの農園なんかにはクボタのトラクタあるいは建設機械も使われているので、「クボタというのは排水処理までやるの？」といわれています。

第 3 節　クボタの現在と取組み

　経営に関する考えや売上げ等を説明したいと思います。

　私が社長に就任した時、従業員に強くお願いしたことは、「現場主義」と「お客様第一主義」の２点です。

　「現場主義」というのはメーカーでは命です。すべての経営機能において現場を最重視することです。現場は自分、社長、トップを表す鏡だということ。現場の士気を高めるのが仕事だということです。

　「お客様第一主義」というのは、お客様の“望み”を超える商品・サービ

スをお客様の"予想"を超えるスピードで提供せよということです。そういったことで"感動"を呼ぶんじゃないかなといっています。単にお客様の不満を解消するような製品・サービスは三流だということです。ただお客様の満足を得る製品・仕事というのは二流。お客様の"予想"を超え、"感動"してもらえるようなサービス・技術というのが一流だということを若い社員にもいっています。これが意思決定の判断基準だと思います。

　売上げを説明します。クボタグループの売上げのうち、2000年まで、海外比率は20％ぐらいでしたが、2000年以降に急に海外比率が高くなって、いまでは65％ぐらいです。いま、中期計画を策定していまして、2017年度の売上高はいまの1兆5,000億から2兆円、19年度は2兆5,000億円を目指しているところです。

　部門別では、農業機械、建設機械、エンジン、これを機械と呼んでいますが、この機械部門の比率がどんどん高くなっています。地域別では、日本国内の比率が年々小さくなっている半面、アメリカ、それに続きアジアの比率が大きくなっています。アジアが世界のなかで勢いがあるのは、当社の事業からもうかがえると思います。

　現在、クボタのグローバルネットワークでは、アジア、北米、欧州に数多くの拠点を構えています。今後、中東、アフリカ、南米へもっともっと展開を図らなければならないと思っています。

　事業以外にも、社会貢献を意識して、日本あるいは日本の農業が少しでも元気になればいいなというので、「eプロジェクト」というものを、クボタグループをあげて行っています。いろんなことをやっていますが、そのなかに「クボタ元氣農業体験教室」というのがあります。特に小学生を中心に田植えや稲刈りの体験を通じて農業について学んでもらっています。クボタ単独ではできませんので、たとえば新潟クボタとか北海道クボタというようなグループの販売会社が特に力を入れてやってくれています。

　また、耕作放棄地の再生支援も行っています。いま、日本の耕作放棄地は滋賀県と同じぐらいの面積まで広がっています。クボタグループでは地域の

第2章　クボタ　挑戦するクボタ　43

人と一緒になってその解消に努めているところです。大きな声ではいえませんが、実はクボタの社長である私も大きな問題がありまして、岐阜に実家があるんですが、親が年をとってしまって、私が耕していけばいいんですけど、忙しいのを理由にほったらかしにして耕作放棄地になってしまいました。クボタのeプロジェクトで何とかしてくれへんかなと思っているところです。

　それから、震災の支援についても、農家の皆さんは苦労されていますので、応援をしています。ボランティア活動以外にも小型建設機械の寄贈ですとか、クボタとして福島県あるいは宮城県の高校の新卒者を積極的に採用するとか、被災地の農産物の社内販売等々、応援させてもらっています。

第4節　食を支えるクボタ

　クボタの主力事業である食糧分野での機械事業について、どんな変遷をたどってきたか、あるいは今後どうしようとしているのかを説明したいと思います。今回は、日本、そしてアジア、北米、さらには新たな世界をどうするのかという観点で話をします。

　はじめに、日本の農業を支えるということです。農作業がどんなふうに変わってきたか、皆さん知らないと思います。稲作というのは長い間、牛や馬の力を借りながら行う過酷な作業でした。農家にとって一つの転機が昭和35年、高度成長期です。この頃から若い人がみんな農村から都市へ働きに行ってしまった。残っているのはお年寄りや女性が多くなり、機械がなければやれないということで、農業機械への要請が高まりました。それを受け、30年代には耕うん機、40年代には田植え、収穫の機械化も進みます。

　クボタも昭和32年から研究を始めました。特に北海道の農業に貢献しようと思っていました。農家の方は、最初は欧米の大型トラクタを使っていたのですが、大きすぎますし、値段も高い。日本の農業にはとてもなじみません

でした。そこで、われわれの先輩が農家に1年も2年も泊り込むといいますか、一緒になって農作業をやりながら、どんなトラクタをつくろうかなということで、3年ぐらいの計画でトラクタを国産化したわけです。

　それから、田植えも人の手で田んぼに苗を植えていました。その頃は子どもも「それっ、手伝え」ということで学校を休みにして手伝いに行ったものです。田植えは農家にとって最も負荷の大きい作業でした。田植機はその負担を劇的に軽減した農業機械だと思います。なじみはないかもしれませんが、田植えというのは腰をかがめてやる作業で、子ども心にも手伝うのは嫌やなと思うぐらいの大変な作業です。いまはあんまり見かけませんけど、その当時のお年寄りはみんな腰が曲がっていましたね。田植えをやりすぎたのかどうかわかりませんが。いまは腰の曲がったお年寄りというのはめったに見かけないわけで、それはこういった農業機械のおかげだと密かに思っているところです。

　田植えと同時に、稲刈りも学校を休んで手伝わされました。かつては足踏み式脱穀機です。それから変遷して、自動で稲を刈りながら脱穀するコンバインという機械ができました。

　日本の農家の現状として、高齢化の流れが昭和30年代から変わらず続いています。いま、農業をされている方の平均年齢は何と65歳を超えています。農家の数も減少し続けているわけで、日本の食糧自給率は大丈夫かということにもなります。そのような状況ですが、逆に、5ヘクタール以上、比較的日本では大きい農家というのは、国の支援を受けながら増えてきています。これを農業の担い手層とわれわれは呼んでいますが、ここに、クボタをはじめ、日本の農業機械メーカーが貢献する領域があると思っています。

　その一つが、大規模農家に適合できるクボタスマートアグリシステムというものです。このシステムは、いままで農家の方々が腕と勘に頼っていた田植えの方法、あるいは肥料のまき方などをデータとして残しまして、そのデータを自動で次の農作業に反映し、収穫量を増やしたりコストダウンを図ったりするという、ITを使った技術です。たとえば、このシステムに対

第2章　クボタ　挑戦するクボタ　45

応した、たくさんのセンサーを搭載したコンバインで稲を刈りますと、自動的に米のたんぱく量、水分の含有量、もちろん収穫量などもデータとして集められます。そのデータを次に田植えをするときに田植機にインプットしますと、この田んぼは肥料をたくさんまいたほうがいいとか、この田んぼはもう肥料は十分だからやめてもいいとか、そういうことを自動調節して収量をあげる、あるいは肥料を少なくしてコストダウンすることを目指しています。去年から発売しましたが、かなりのお客様に買っていただき、収量が非常にあがっているということです。

また、このシステムで農機の稼働状態もみえるようにしまして、メンテナンス、故障防止に役立てています。いままでは、トラクタが故障しますと、お客様からクボタに「ちょっと来い」と電話がかかってきました。社員が飛んで行って1時間2時間で直すということを繰り返していたわけですが、このシステムを使いますと、お客様の稼働状態がわかりますので、そのやり方ではもうすぐ故障しますよというのがわかります。だから、故障する前にこちらからお客様に電話をして、「ちょっとこういうふうにしたほうがいいですよ」というのをいってあげるところまでいま進めてきています。

それ以外にも生産性をあげる活動も進めています。たとえば鉄コーティング直播と呼んでいますが、ばらまきです。田植えではなくて、もみをばらまくという技術です。ただばらまくと鳥が食べたり、水に浮いたりするので、鉄をもみの外にコーティングし、まくという技術をクボタで進めています。すなわち、田植えもなし、稲を育てて植えかえるということも必要なくなる。それから、パワースーツなんかも開発しています。特にブドウ栽培で何時間も手を上にあげてやる作業というのは非常に疲れるわけです。それをサポートする農業機械。あるいは、女性でもものをもてる機械ですね。こういうものも農業機械メーカーとしていまつくっています。

また、今後もお米の国内消費が減少すると予想されるので、日本の農業を支えるためには消費拡大をしなければならないと思っています。

そのための取組みの一つが、お米の輸出に貢献することです。香港とシン

ガポールに精米会社を設立しました。香港、シンガポールにはたくさんの日本食レストランがあります。おいしい日本食を食べたい人がいっぱいいるわけで、クボタはJAさんと一緒に輸出拡大を進めています。今年は日本から4,000トンぐらいの出荷見込みですが、1万トン、2万トンと増えるようクボタも協力していきたいと思います。

また、熊本県の肥後銀行さん、産業技術センターさんと協力して、米からパンをつくる、玄米パンの製造・販売事業も始めました。この玄米パンは非常においしいですし、腹持ちもいいということでクボタの社内食堂でも提供しています。輸入に頼っている麦を何とか減らして、お米を活用することにも貢献しなければいけないなと思っています。

次に、グローバルということでお話をします。

クボタの立場でグローバルに視野を広げた場合、当然食糧問題をやらなければならない。ご承知のとおり、世界の人口は増えていきます。また、人口増加のみならず、食生活がだんだん向上していくことで穀物が足りなくなることが予測されます。

たとえば、中国は14億の人口があります。クボタ試算ですが、もしいまの2倍の量の鶏肉を中国人が食べたら、たとえばケンタッキーフライドチキンへ月2回ぐらい中国人が行くようになったら、年間の鶏肉消費が一人当り9羽増えます。そうなると、餌として6,400万トンの穀物が必要になります。この6,400万トンというのは、アメリカの小麦の年間生産量を上回ります。現在、中国のケンタッキーフライドチキンの店舗は日本の4倍ぐらいあるそうなので、本当に大変だなあという気持ちになります。

実際に世界の穀物の需要量というのは、人口の増加と肉食化、それに加えてバイオ燃料にも使われるということから、どんどん増えていくことが予想されます。そんななかで、世界の農作物の耕作面積をみますと、稲作面積の約4倍の畑作耕地が広がっています。したがいまして、これからは田んぼに強いクボタだけじゃだめだと。世界の畑作に私たちの力を生かせる場があるし、その力を発揮しなければと思っています。

第2章　クボタ　挑戦するクボタ　47

第 5 節　世界への挑戦

　では、クボタがこれまでどのように海外で事業をやってきたか、ちょっと
だけ説明します。

　残念ながら、各国で取り組んだ事業がすべて順調にいっているわけではあ
りません。アメリカやタイではさまざまな苦労を乗り越えて何とか事業を拡
大させましたが、ブラジルやスペインでは痛い撤退をしました。挑戦には失
敗はつきものだと当時からトップが理解をしてくれまして、失敗してもクボ
タはひるんだりはしませんでした。スペインが失敗したら、スペインのかた
きはフランスでということで、いまフランスに大型のトラクタ工場をつくっ
て再挑戦をしています。ブラジルでは再挑戦をしています。ポルトガル語、
あるいはスペイン語に堪能な若手がいっぱいいて、頑張ってくれています。

　アジアについて話をします。アジア各国の一人当りGDPの推移をみると、
中国とタイは高い伸びを示しています。この2国とも農業の機械化の波が押
し寄せています。GDPが一人当り2,500から3,000ドルぐらいのレベルまで
上昇すると、いろんな意味で機械化、特に農業の機械化が進みます。今後
は、インドを含め、東南アジアの国々がこの水準に達して本格的に機械化の
波がくると思っています。

　そのなかで、タイで主力製品となっているトラクタと中国のコンバインの
販売台数の推移をみると、タイは2006年頃に一人当りGDPが3,000ドルを超
えて、同時にトラクタもぐっと増えました。ちなみに、タイのクボタトラク
タのシェアは7割。タイでは耕うん機のことを「KUBOTA」と呼んでいま
す。ここまで浸透することができています。中国でも3,000ドルを超えた
2008年頃からコンバインをぐっと伸ばすことができまして、いまでも7割の
シェアをもっています。中国では製品に「KUBOTA」とアルファベットで
書くのではなく、「久保田」と漢字で表しています。中国のお客様にもわか
りやすく、大変縁起がいいということで、それがシェアをあげた一つの理由

かなあというふうに思っています。創業者に感謝しているところです。

　では、なぜうちのトラクタがアジアで強いのかということなのですが、当然日本の水田で鍛えられた、世界一厳しいといわれる日本の農家の方のニーズに応えた技術だからということです。たとえば、水田で使用するので、特に沈まないように軽量、浮力を生かすような設計をするなど、非常に大きな工夫がいるわけです。水や泥にも強いということが大事です。アメリカや欧州のトラクタメーカーは、田んぼがないものですから、田んぼに入りますとずぶずぶっと沈んだり、水が大事なところに入ってさびてしまったり、そういう問題があります。その点、日本製の機械は、日本はもちろん、アジアにも有利だということになります。

　トラクタの市場規模のイメージですが、日本市場が５万台の規模です。中国は30万台で、日本の６、７倍。インドは60万台、10倍以上の市場です。現在はインド、中国とも現地メーカーが市場を占有しています。後発のクボタは微々たるシェアです。トラクタに関しては次のターゲットはインドと中国だと思っています。

　インドでいままでのトラクタは失敗していましたが、今年新しい製品を発売します。失敗したのは、クボタは大変な間違いをしていたからです。インドでも田んぼでトラクタを使ってもらおうと思っていたのですが、日本と違って人手がいっぱいいる。牛や象もいるということで、値段の高いトラクタなんか使ってもらえません。また、田んぼを耕すよりも運搬に使う仕事のほうが多いんですね。サトウキビを満杯にしたり、トレーラーで何十人もの人を運んだり、そういう仕事です。トラクタというよりもトラックというイメージです。このため、いままで全然売れませんでした。それで、今年からトラックみたいなトラクタを出します。中国も当然新しいものを出して、シェアをあげるつもりです。

　北米の事業も単純に大きくなったわけではありません。もともとは日本のトラクタをもっていったんですが、最初から、「これがトラクタか、おもちゃとちゃうんか」とばかにされました。というのも、アメリカの農地の平

第２章　クボタ　挑戦するクボタ　49

均面積が一人当り180ヘクタールぐらいある。これは甲子園球場140個分の広さなんです。アメリカのお金持ちの農家、1億円以上の収入のある農家の農地面積は1,200ヘクタール。甲子園球場1,000個分、日本の平均的な農地面積の600倍です。畑を耕すのに、畑の端っこまで行って帰ってくるのに半日もかかるような広さです。「おまえのとこのトラクタみたいなん、使えるかい」というふうに、さんざんばかにされました。

　ただ、先輩たちはそういったことも理解しながらアメリカ中を歩き回り、30年もかけて歩き回ったのですけど、その結果、芝刈り、草刈りあるいは建築土木工事、こういったことにクボタのトラクタはぴったりじゃないかということで、当時そういう機械がアメリカになかったこともあり、ニーズがあい、販売を急激に増やせました。

　しかしながら、それが限界だなという日が来ました。それは円高です。それまで輸出だけやっていたため、円高になった関係でまったく利益が出なくなりました。利益が出ないどころか赤字なので、「もうトラクタの輸出なんかやめてしまえ」といわれてつらい思いをしたことがあります。そんなことじゃいけませんので、それに対応するためにアメリカでの現地生産に踏み切ったわけです。いまではそれを引き金に、若干大きなトラクタまで投入をして、アメリカ市場で認められるようになりました。

　アメリカへ初めて出張したのは1982年、大分昔で、入国審査がありました。「何しに来たんや」「クボタトラクタのビジネスや」「それ、何や。そんなもん知らんで」という冷たい返事しかなかったんですが、最近アメリカへ行きますと、シカゴの入国審査でも、「何しに来たんや」「クボタトラクタのビジネスや」といったら「ああ、私ももってる」、あるいは「ほしいなあ」という声が大分増えるようになって、認知されたかなと思っています。

　最後に、新たな世界への挑戦です。もっと大きいトラクタをやるぞというチャレンジをしています。

　クボタにとってもっと大きいトラクタ、すなわち甲子園球場150個分とか200個分以上の農地に対応できてこそはじめて農業機械メーカーと認められ

るなあというふうに思っています。これは三十数年前の入社の時からの私の目標です。

　M７という大型トラクタを、今年の２月、パリの博覧会に出しました。これは42カ国から1,700社が出展する世界一大きな農業機械、建設機械の博覧会なんですが、25万人来てくれまして、そのなかから、どの機械がいいか投票してくれるんです。そうしたら、「Machine of The Year 2015」というのがいちばんいい賞なんですけど、その賞を欧州、アメリカのメーカー以外で初めてクボタが受賞しました。非常に前評判も高かったわけです。

　クボタはいままで135馬力までのトラクタしかつくっていませんでした。というのは、それ以上になりますと、世界のメジャーと戦わなければならない。たとえば世界のライバルのジョン・ディアは、クボタの２倍から３倍の規模をもっています。ただ、私も含めて、いまのクボタをどうしてもグローバルメジャーブランドにしたいという思いがありますので、大型トラクタにチャレンジしました。この馬力帯ではアメリカだけでも2,000億円以上の市場規模がありますし、アメリカ以外の欧州や南アメリカを含めると、その数倍の市場だと思っています。世界の農業に貢献しがいがある市場だと思います。

　その挑戦の第一歩として、大型トラクタをやる前に作業機器を製造している会社を買収しましたし、先ほどいいましたように、フランスの工場もつくっていま必死で生産をしていまして、将来的には世界一のジョン・ディアへ戦いを挑むつもりです。

　ちょっとだけ海外経験の話をさせてもらいます。35歳の時にアメリカに行きました。20万坪の敷地で、当時森しかなかったのですが、それを切り開いて工場を新たにつくるという仕事を任されて行きまして、非常に勉強になりました。ただ、ジョージア州アトランタの北の田舎町のため、日本人はほとんどいないんです。鶏の鑑別士のご夫婦が一組いるだけで、従業員も含めて日本人をみたことはないし、日本人が何やというような顔でみられました。特に新しい工場なのでよくロボットが故障するわけですね。故障するたびに

第２章　クボタ　挑戦するクボタ　51

50人のスタッフが「おまえ、どうするんや」と意地悪な目でみるわけなんです。「おまえに直せるんか」ということで困ったことが何回もありますが、いちばん味方になったのが時差でした。日本とアトランタでは12時間の時差がありますので、アメリカ人を帰してから私一人残りまして、日本と連絡をとりながら、電話を片手に直したこともないロボットを一人で直しました。次の日の朝、みんなにロボットが動いているのをみせて「どうや」ということです。そういうことが重なってだんだん信用してくれるようになりました。話はもう山のようにありますが、ぜひ皆さんもそういうチャレンジをしてみたらいいと思います。

タイにも駐在しました。いちばん困ったのは、駐在する前の日に組合がつくられたことです。といいますのは、「今度来る社長というのはコストにえらい厳しいぞ」「生産性をあげるために人をすぐカットする」といわれていたからです。ある時大洪水に襲われまして、工場が3メートル浸かって、400台ほどの機械が完全に埋まりました。その時に、ご近所では業績悪化で社員を切ったり、もうここはだめだということで移転したりする会社が多いなかで、クボタも苦しいんですけど、何とか雇用を守り、信頼を得ました。もちろん、組合も会社とともによくなろうという組織になりました。

それから、タイの人にも洪水の支援として、ポンプ車や浄水機を贈ってお手伝いをしました。そんな活動がタイで認められました。王様や王女様から大変な感謝の言葉もいただきましたし、また当時のインラック首相からもパーティーに招かれてお礼の言葉をいただきました。非常によかったなと思っています。

第 6 節　クボタグループで活躍する従業員

グループの従業員は増えていますが、ほとんどが海外の現地人員です。また、クボタ社員の海外駐在も増えています。そんななかで若い人もどんどん

海外へ行ってくれています。

　一人紹介しますと、田中麻衣さんという社員がいます。彼女は入社3年目でタイに1年間トレーニーで行きました。海外研修を積んで、いまは、どういうわけか、ミャンマーとタンザニアとケニアのコンバインの営業で頑張ってくれています。彼女の大物ぶりというのは、中国・韓国のお客様のなかに入ると「乾杯、乾杯」とお酒を勧められますね。二十何名のお客様に囲まれて「おまえ、俺の勧めた酒が飲めたら買ったるわ」ということをいわれまして、「よし、それなら」ということでしたたかに飲むような女性です。彼女はバンコクによく行くんですけど、道端でタイ人にタイ語で道を聞かれるぐらい現地に溶け込んでやっています。そういう状態で頑張っている社員もいます。

　また、クボタはモノづくりのメーカーですので、日本の工場のみならず、海外の工場に出向いていって教える、あるいは海外の工場から人を呼んできて教えるということもやっています。クボタ技能大会というのを海外の選手も含めてやっており、昔は日本人の社員が優勝していたのですが、最近は海外のクボタの拠点の社員も優勝するようになりました。特に私が直接指導したことのあるタイの選手が日本選手を差し押えて金メダルをとってくれると、複雑なんですけど、非常にうれしく思いました。

　ダイバーシティについても、女性あるいは障がい者という観点で支援をしています。

第 7 節　挑戦するクボタ

　最後になりますが、これは、クボタのグループ従業員を含めて、すべてのステークホルダーに向けてのメッセージです。京都の国際会議場で新春の集いを毎年やっていますが、社長になって初めての今年は、私が「今こそ示せクボタの底力」と書きました。その後で書道家の岡西佑奈さんに「挑戦」と

書いてもらいました。縦2.4メートル、横4.4メートルの大きな紙に私どもがいちばん大切にしている思いを表しました。さっきから話していますように、クボタは創業時から挑戦し、社会に貢献し続けて存在を認められています。クボタが挑戦をやめたときは社会への貢献ができなくなる、社会から必要とされなくなるという意識を全員でもとうということです。創業者の久保田権四郎をはじめ、諸先輩が数え切れない苦難を乗り越え、苦労を積み重ねながら社会に貢献できる会社として成長させてきたクボタを、私はさらに大きくしたいと思っています。だから挑戦ということにこだわって社員一人ひとりに求めているわけです。まあ、挑戦というのは失敗がつきものですから、「失敗してもええよ」というように特に若い社員にはいっています。失敗が次の原動力だと。皆さんも挑戦ということをぜひとも大切にして、日本のため、世界のために頑張ってほしいと思います。

　クボタの社長としての私の挑戦というのはいろいろあります。世界への貢献は当然なのですが、社業とするならば欧米のライバルメーカーに勝つことだと思っています。トヨタさんはゼネラルモーターズに追いつき、いまや世界一の自動車メーカーになられましたし、またコマツさんは、売上規模こそキャタピラーに及びませんが、営業利益率では上回り、グローバルブランドとして世界から認知されているのはご承知のとおりです。私は、まだ規模は一回り小さいかもしれませんが、クボタを、世界一の農業機械メーカー、ジョン・ディアと肩を並べる会社にしたいと挑戦します。長く厳しいグローバルな競争が待ち受けていることは間違いありません。クボタグループの全従業員とともになし遂げてみせるというふうに決意を深めているところです。

　以上をもちまして、私からの話を終わらせていただきます。ご清聴、どうもありがとうございました。

第 8 節　質疑応答

学生　さまざまなチャレンジ、また非常に将来性も感じるお話、誠にありが
とうございました。

　そのようななかでも事業を進めていくうえ、また中期計画で２兆円、
2.5兆円と進めていくうえでリスクというものを考えておかないといけ
ないと思っています。社長が考えられる最大のリスクは何なのか、また
それに対してどのように取り組もうとされているのかについて教えてい
ただければと思います。

木股社長　はい、ありがとうございます。

　２兆円、３兆円目指していこうと中期計画で立てておりまして、３年
後２兆円、５年後2.5兆円なんですけど、正直なところ、積み上げてい
くと、いまのままでは足りないんですよね。仕事のやり方、あるいは物
事の進め方として、目標を立てて積み上げていくと足りなかったという
時に、経営者としてそのギャップを埋めるというのが大事な仕事だと思
うわけです。

　計画が積み上がって、具体的な実行策ができますが、その時に「だれ
がやるの？」という話が出てくるわけです。人を割り当てていくとまっ
たく兵站が伸び切って人がいない、あるいはできると思う人を割り振っ
てもできなかったという、リスクというよりも、課題がいちばん大き
い。要するに人材です。それを克服することが、クボタのみならず、す
べての会社の課題だと思っております。そのためにはチャレンジ意欲旺
盛な人材を採用する、あるいは世界規模で訓練プログラムをいかに充実
させるかということで対応すべきだと思っています。いちばんいい解決
策は、こういう場に私が来まして「皆さん、一緒にクボタと世界に挑戦
しませんか」とアピールして、一人でも二人でも皆さんのなかから来年
クボタに来てくれることだと思っています。京大さんをはじめ、どんど

第２章　クボタ　挑戦するクボタ　55

ん大学を回っていこうかなと思っています（笑）。

　それ以外のリスクというのはたくさんあります。かつてのメーカーにとっての六重苦です。円高だとか税制が不利だとか、エネルギーコストが高いとか、日本企業に対するリスクがあります。それがいまかなり小さくなっています。今後新たに出てくるリスクというのは、いま整理をしておりますが、クボタにとってはやはり中国の政治情勢、あるいはアメリカの金利上昇とかがあります。経済学部の皆さんのほうがプロなんでしょうけど、そういうリスクには経営者として常に目配りをしておくべきでしょう。

学生　事業に関する興味からの質問なんですが、世界の農業に貢献、特に水環境分野を通じて貢献していくということであれば、今日のお話にはなかったんですが、貧しくて、もっと雨の多い熱帯雨林の地域とか赤道のほうの地域に対する農業支援が必要だと思います。何かそこに対する取組みというのはあるんですか。

木股社長　そうですね。さっきのパーム園なんかは熱帯雨林なんですけど、トラクタおよびその関連機器で貢献するというのはいまもやっています。それをどんどん広げていくということですね。インドネシアも同じです。いま、人手作業で農作業をやっているのをトラクタをはじめ、田植機、コンバインなど、日本と同じことを広げていくということです。ただ、まだ所得がそれほど上がっていないということに対しては、今日は述べませんでしたが、ファイナンス事業ですね。小売金融あるいはリース、そういうことでサポートをしないと、なかなか農業の機械化が進展しないのが実態です。国によっては、中国のように政府の補助金で農家の支援をするというパターンがある半面、貧しい国というのはもう全然補助がないんですね。したがって、いままでと同様の過酷な労働、しかも低賃金でやらざるをえない状況から抜け出すために、軌道に乗るまではクボタで小売金融などのサポートをする、さらにはもっと安いト

ラクタ、コンバイン、田植機で、あるいは建設機械で支援するということを進めています。

　食糧と水と環境というとクボタの事業との関連がわかりづらいかもしれませんね。たとえば食糧という関連でいいますと、穀物の需給が締まってくるということでもありますが、化学肥料のリン鉱石がどんどんなくなっていて、その化学肥料がなくなると農業の生産量ががた落ちになるという問題があります。特にアメリカはリン鉱石の輸出を制限し出しています。あまりニュースになっていませんが、そうなると日本の農業、世界の農業も危機に陥る。では、クボタは何をするのか、農業機械でリンをどうするのか。できませんよね。しかし、われわれは下水処理が得意なんです。下水処理場からリンをとるという技術をいま一生懸命やっています。このように、クボタという会社で食糧をやるために水あるいは環境の技術を使って貢献をしていく、それがひいては貧しい国への貢献にもなるんじゃないかなというふうに思っています。

学生　いままで過去にいろんな国に進出されてきたなかで、お話にあったように、インドとスペインとブラジルではうまくいかなかったということなんですけれども、その原因と、その失敗をどのように生かされたのかについてお話ししていただけますか。

木股社長　なかなか鋭い質問で、たじたじとなります。7、8年前ですが、インドの場合は、インドの市場は大きいぞということでスピードを上げて農業機械を売ろうということになり、きっちり市場のマーケティングをしないままにタイの成功、あるいは中国のある程度の成功に慢心して出ていった。日本のトラクタとほとんど変わらないスペックでもっていったのですが、先ほどいいましたように、「そんなもん使えるか」と。田んぼはたしかにあるんですけど、「人手がいっぱいあるのに、そんな高いもん要れへん」と。あるいは、ほとんど田んぼでは使わない。運搬に使うようなトラックみたいなトラクタしかない。マーケティング

第2章　クボタ　挑戦するクボタ　57

の間違いでした。それで、ただ単に日本から出張していたマーケティングをやめて、現地に販売会社をつくって根を張ったマーケティングをしたら、それまでとはがらっと違う結果が出ました。慌てて設計をし直して、インド人も喜ぶような機械ができました。そこで、今年初めてそれを出します。そういう失敗ですね。根を張ってきちんとマーケティングをやるべきだったし、インドの人のニーズをよく把握しなければならなかったというのが一つです。

　スペインは、失敗というか、欧州の景気が悪くなって、当時は円高でもありましたから赤字続きで、「いつまでやってんねん」という経営者もいまして、その力に粘り負けをしてやめた。いま思えばずっと続けておけばよかった。市場があるのは間違いないので、去年フランスに工場をつくって、当然スペインも含めて販売するということです。私は「チャレンジ」といいましたけど、長い歴史のなかではチャレンジできなかった時期もあったということが敗因だと思います。

学生　畑作用の農業機械で海外進出を図っているというお話がありました。いままでは畑作農業機械の事業規模はそこまで大きくなかったようなんですが、このタイミングで大々的に進出するきっかけがあったら教えていただきたいです。

木股社長　やりたいのはやまやま──まあ、畑作でも小さい畑作はある程度いままで進出していたんですけど、それこそ先ほどいいました甲子園球場の何百倍もあるような耕地、畑を耕すようなところにはヒト・モノ・カネがついていかなかったし、そこにチャレンジしようというような元気がなかったんじゃないかなと思います。

　私自身は1988年に手をあげてアメリカの拠点に行きました。そこでみた畑の広さ、農業機械あるいは建設機械の大きさ、スケールに圧倒されました。ぜひいつか、アメリカでも欧州でもいいんで、現地生産すべきだという論文をしたため、当時の上司に渡した経験があります。当時

は、やりたくても、資金力ですとか技術・開発力、すべてにおいてそんな力がなかったというのが正直なところです。ただ、「いつかはやろうぜ」ということです。1.5兆円までの売上げになってきましたので、開発力、それから海外生産能力等々がある程度蓄積されてきたという判断のもとに、やれるということに至ったかなと思います。

第2章　クボタ　挑戦するクボタ　59

第 3 章

リンナイ
熱と暮らしを創造する

リンナイ株式会社 代表取締役社長　**内藤　弘康**

（講義日：2015年 5 月28日）

リンナイの内藤でございます。今日は、リンナイの歴史、企業を運営していくにあたっての考え方、リンナイがもつDNA、そういったものについてお話させていただきたいと思います。

　リンナイは1920年に創業し、今年で95年になります。5年後の2020年に100周年ということです。ガス器具を主力とした熱機器の製造販売をしています。2014年度の連結売上高が2,950億円、海外売上比率が43.1％、連結営業利益が307億円、営業利益率10.4％です。商品分野としては、給湯、厨房、空調、業務用といった商品を出しています。売上高の割合では、給湯機器が52％、厨房機器が30％です。この二つが大きな柱になっています。私が会社に入りました30年前は、実は厨房と空調が非常に多くて、給湯は1％あるかないかでした。給湯が非常に伸びて、いまはこのような比率になったということです。

　リンナイの1980年からの利益率の推移をみますと、1980年代後半は非常によかった。それでも10％を1回達成したかなというぐらいだったんです。そこから少しずつ下がってきましたが、90年代に入って他社に先駆けてビルトインコンロでガラストップを発売しました。この辺りは電子制御機器を駆使した給湯機器が非常に売れた時代で利益率も改善しました。その後急降下しまして、2000年代前半、国内の利益は実は39億円しか出なかった。利益率は3、4％というところでした。私はこの時に社長に就任しました。この10年ほどで、それなりに会社の体質がよくなったんではないかと考えています。利益率も安定して二桁を稼げるようになりました。ちょっと自慢を申し上げますと、われわれが身を置く住宅設備機器の業界というのは、利益率があんまり高くないんですね。ですから、10％以上あげている会社というのは非常に珍しいと思っていますし、そのようにPRしておこうと思います。

　次に海外の売上比率をみますと、だんだんと比率が上がってきました。いま、海外売上比率が43.1％ですが、遠からず50％になるだろうと考えています。

62

第 1 節　リンナイの歴史

　実はリンナイというのは、創業者が二人おりまして、林（リン）と内藤（ナイ）なんですね。初代社長が内藤秀次郎、これは私の家内の祖父になります。

　創業者の名前をあわせて、「内林（ナイリン）」か「林内（リンナイ）」かで悩んだ末、響きのよい「リンナイ」としました。海外の会社、欧米では、Nがなかにあると幸運を呼ぶといわれているらしい。「Rinnai」、Nがなかに二つありますよね。当初は林内商会といっていました。戦時中は飛行機の部品もつくりまして林内航空機製作所になりました。戦後、林内製作所と称して、いまは片仮名のリンナイですね。

　海外で最初に進出したのは台湾なんですが、台湾に林内（リンナイ）という地名があるんです。だから、台湾ではリンナイというのは台湾の会社だと思われています。それで台湾の地元のライバル会社がサクラというんですよ。台湾の人はサクラのほうを日本の会社だと思っていて、リンナイを台湾の会社だと思っている。

　リンナイというのは、韓国でもリンナイといったら韓国の会社だと思われていますし、オーストラリア、ニュージーランドでも自国の会社だと思われています。インドネシアでも、うちの営業マンに新婚旅行でバリ島に行った者がいまして、ガス器具の話になったもので「リンナイって知ってる」って聞いたら、現地の人が「知ってますよ」って。リンナイの社員だっていったら、インドネシアのリンナイが日本まで勢力圏を伸ばしたんだというふうにいわれたと。海外には早くから積極的に進出しています。こういった話はまた後ほどします。

　創業者の内藤秀次郎は、当時、スウェーデン製の石油コンロが輸入されていたのですが、こういうものを自分でつくってみたいということで、石油器具やガス器具をつくり始めたんですね。いまの東邦ガス――当時は名古屋ガ

第3章　リンナイ　熱と暮らしを創造する　63

スという名前だったんですが、内藤、林、ともにその名古屋ガスの社員でした。そこから林内商会を創業して、加圧式石油ガスコンロというものを最初に発売しました。金属のいろいろな加工、表面処理等で苦労したそうなんですが、その経験が内製を重視する「モノづくりDNA」としていまでも引き継がれています。

　当社が昔から扱っている商品として、シュバンク式赤外線ガスバーナーというのがあります。主に、厨房用や暖房用でいまも売られているんですけれども、音もなく静かな、なかなかいいバーナーなんですね。昭和30年頃、いまの当社の会長（内藤進・代表取締役会長）がシュバンク社から特許を買いました。当時の当社は売上げが6億円ぐらいの規模で、特許料は2億円。いまリンナイは売上げが約3,000億円ですから、1,000億円の特許料を払ってこの技術を買ったという感じですね。これが日本で大ヒットしまして、それで業容を伸ばしていきました。続いてテーブルコンロ、それから次に給湯器関係、こういったものへと展開し、現在に至っています。

第 2 節　熱で暮らしを支える

　私自身、ありがたいなと思っていますのが、リンナイの本業が生活必需品の部分だということです。気をつけないといけないのが、その時代その時代で先端の技術を駆使して非常に脚光を浴びる企業というのがありますが、先端技術というのはものすごく浮き沈みが激しいことです。リンナイは非常に地味な生活必需品、給湯器とかコンロを製造販売しています。暮らしに密着しているわけですね。これが世の中からなくなるということはまずないんです。それに、生活必需品ということはやっぱり社会から必要とされているものなんです。皆さんはいま、スマートフォンでゲームなどやられていると思います。そのゲーム会社うんぬんという話ではありませんが、ゲームというのは本当に必要なものなのか。そう考えると、これを持続的にずっと企業と

64

して扱っていくというのはなかなか大変なことだなと思います。

　とはいえ、熱機器もいろんな新しい技術が入ってきて、時代とともに進化しています。たとえばコンロは、加圧式石油ガスコンロから1950年代にはガスのコンロになり、90年代はテーブルの上にぽんと載せるようなガステーブルコンロがたくさん売れました。それがいまは、このテーブルコンロは台数がどんどん減ってきて、システムキッチンに組み込むタイプのビルトインコンロになってきています。これはバーナーに立消え安全装置がついていて、火が消えると自動的にガスが遮断されるようになっています。さらに火災防止の安全装置もついていて、天ぷら油の温度が一定以上になると自動的にガスが止まるようになっています。この非常に新しい技術の入った製品は世界でも珍しいんですが、日本ではこういう安全装置が義務づけられています。こういう商品になると、単価が全然違います。ガステーブルコンロでは高いもので定価8万円程度でしたが、ガラストップのビルトインコンロになると30万円ぐらいになってきます。こういったものが売れるようになってきました。

　給湯器も同様です。昔はBF風呂釜といって、皆さんはご覧になったことがないと思うんですけど、浴槽の横に機器があり、手で点火して追い焚きやシャワーを浴びることができるというものでした。台所給湯機も昔は小型の湯沸かし専用器でしたが、いまは大型で室内に取り付けるのが一般的。また、給湯だけではなく、お風呂の自動湯張り、追い焚きもできる、さらに加えて暖房機能もついています。

　床暖房、浴室暖房なんかも普及しつつあります。皆さんのなかで、家で床暖房がある人、手をあげてみてください──少しですね。床暖房を経験すると、ほかの暖房って使えないでしょう。どうですか。めちゃくちゃいいでしょう。床暖房を使うと、エアコンの暖房では風が流れてくるじゃないですか、あれが気になってしょうがなくなる。無風ってすばらしいですよ。冷房は、空気が上から下に下りてくるからいいんですが、暖房の場合は、私も以前は自宅でお湯を回すセントラルヒーティングを使っていたんですが、これ

第3章　リンナイ　熱と暮らしを創造する　65

が全然だめ。上ばっかりが暖かくなって足元が寒い。うちのかみさんなんか、冬の夜食事をするときに、立っているものだから頭が熱いので暖房を消すっていう。ところが、私は座っていて足元が寒い。それで結構けんかになりましてね。けんかに負けると、私は椅子の上で正座をする、お尻のぬくもりを足の裏に伝えるということをやっていましたけどね。それが床暖房になると全然違う。物理的な暖かさだけじゃなくて、ぱっと入った時に幸せを感じる。足元から暖かいというのは全然違う、幸福感がある。ぜひ皆さんも幸せのために床暖房を入れてください。

「熱機器の環境・省エネの重要性」ということについてお話しします。家庭におけるエネルギー消費——日本は給湯・空調・厨房で62～63％を使っています。これは世界のなかで、低いほうなんですね。アメリカ、イギリス、韓国、オーストラリア、こういったところはみんな70％以上。寒いイギリスとか韓国では85％前後です。ですから、この部分のエネルギーを節約するということは、CO_2削減に非常に効いてくるわけで、重要性が増しています。われわれは給湯もやっていますし、空調もやっています。空調って皆さん、冷房がエネルギーを使っているように思いますけれども、実は暖房のほうがはるかに多くのエネルギーを使っています。冷房は一時に集中して電力使用量が跳ね上がるので、ピーク時電力不足うんぬんの話がありますが、総量でいうと暖房の占める割合が非常に大きいんですね。

それと、私が思いますのは、日本の暖房はすごく遅れています。日本は相変わらず室内に排気する石油ファンヒーターが主流なんですが、家のなかに排気する暖房はほかの先進国ではまずない。ところが日本はなぜか暖房にはケチなんですよ。石油ファンヒーターを使い、石油がなくなったら面倒くさいのに買ってきてポンプでぴこぴこ入れる。そういう面倒くささをいとわず日本だけが使い続けているんです。

以前、中国のガス会社の偉い人が来られたので私はガスのファンヒーターの宣伝をしました。これ、すごくいいですよって。排気は室内にするけれども、実は当社は、ガスのファンヒーターをトータルで何千万台って売ってい

ますが、死亡事故は1回もないんです。そのことを話して、これはいい器具ですよっていったら全然相手にしてもらえなかった。「排気が室内に出る、そんなのだめですよ」ってにべもなかったですね。ああ、そうなんだなあと思いました。ですから、われわれとしては、日本中をもっといい暖房環境にしたいと思います。ぜひ、床暖房というのをもっともっと広めていきたいなと思います。

第3節 品質こそ我らが命

　リンナイの企業理念は「品質こそ我らが命」です（図表3-1）。品質の向上にはとことん取り組んでいます。私も品質をこの10年以上ウオッチングしているんですけど、日本の企業は品質に関して独特の考え方をもち、取り組んでいます。品質というと、日本製品との対比でよくドイツ製品があげられます。品質のポイントはいくつかありますが、少なくとも故障しないということに関して日本は断トツです。

　10年ぐらい前に私はベンツに乗っていました。これが故障、故障で大変だったのです。電動の座席が動かなくなる、窓が閉まらなくなる、それから、走っていてトランスミッションがいきなりローに入る、ほかにもとにかくいろいろありました。うちには技術顧問でオランダの人がいまして、その人に、「ベンツに乗っているけど故障ばっかりで困る」っていったら、その人もちょうど同じベンツに乗っていまして、「いやあ故障が多いね」ってなりました。いまから12、3年前です。実は欧州ではベンツの故障が多いということで問題になっているといっていました。その時、日本車はやっぱり故障が少ないからと、クラウンに替えたんです。本当に故障がないですね。私の知り合いでもドイツ車に乗っている人がいて、故障したとメーカーにいってもなかなか取り合ってくれないという話をよく聞きます。これは日本だったら絶対違います。開発も含めて真摯に取り組む。このマインドは日本独特

第3章　リンナイ　熱と暮らしを創造する　67

図表3-1　リンナイの企業理念

[企業理念]

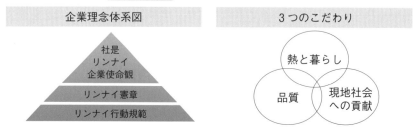

[創業精神の継承]

創業当時（1920年代）の
製品カタログ

→「生活の改善はまず御台所から」
利便性向上と燃料節約

リンナイ企業使命観
『リンナイは熱を通じて快適な暮らしを社会に提供します』

だなと思います。

　リンナイの場合は、バーナーから熱交換器、電子ユニットとか、全部内製でこなす技術をグループのなかにもっています。これはやっぱり品質のうえでも大事だし、コスト管理のうえでも大事です。全然つくったことのないもののコストを見積もるのは非常にむずかしい。自分のところでやっているとその辺がつかめます。金型も自分のところでつくれますし、生産設備もつくれます。これを外部でやってもらうと、合理化、生産設備というものが外部の業者に渡ります。そういうことをなくして全部自分のところでやろうと、できるものはやってしまおうということです。

　「現地社会への貢献」——これはリンナイのポリシーです。基本的には現地生産、現地販売です。たとえば上海林内です。中国の賃金は上がってきています。中国で賃金が上がったから、じゃあ次はベトナムだ、ラオスだとい

う考え方もありますが、当社の場合は製品が売れる土地で生産し、販売するという考え方です。ですから、業績も為替の影響を受けにくい。たとえば日本から輸出している企業は、円安になったらわっと利益があがって、円高になったらいきなり赤字に転落とかになります。そういうことは当社はありません。円安になったらその分だけ計算上売上げは増えるけども、利益率が大きく変動したりとか、黒字から赤字に転落したりとか、そういうふうになることはありません。

　ですから、韓国でも、台湾でも、オーストラリアやニュージーランド、ブラジルでも、現地でつくっています。

　香港──地域的に香港エリアというのは世界のなかでもリンナイのシェアが特に高いところです。日本よりも香港のほうがシェアが高い。70〜80％が当社のシェアだと思います。香港ガスさんという非常にしっかりした会社がありまして、そこが市場を押さえています。香港ガスさんの、ずっと長く付き合いのあった副社長の方が引退するからといって挨拶に来られたので食事しながら話をして、つくづく思いました。もともと香港ガスさんはドイツの有名なメーカーの給湯器を扱っていたんですが、故障が結構多くて、メーカーに故障するから何とかしてくれといっても、われわれは世界で最高の技術のものをあなた方に供給しているという返事しか返ってこなかったといいます。それで、これではいかんというのでリンナイにしたら、リンナイはすぐに動いてくれるというわけですね。この辺がやっぱり品質に対するマインド、企業としての姿勢が違うんだろうなと思います。

　当社はかなり早くから海外へ出ています。うちの進出の仕方は独特でして、早い段階から進出して、マーケットのようすを結構みています。現地の流通等を使って、まずは市場調査です。行けると思ったところで販売拠点を設置して、さらに台数が増してくると生産拠点を設置するというやり方です。だいたい、現地のパートナーと一緒にやります。

　日本の企業というのは、海外において何でもかんでも自分でやろうとする傾向にあります。私はそれはやめたほうがいいんじゃないかなと思います。

第3章　リンナイ　熱と暮らしを創造する　69

信頼できる現地のパートナーと一緒にやるのは、工数も労力も半分以下、3分の1ぐらいですむんじゃないですかね。

第4節 経営者としての考え方

　先代である会長は、品質へのこだわりが非常に強く、「品質こそ我らが命」です。それから、「環境・省エネ」「安全・安心」に配慮した製品づくりをする。海外展開では、相手を尊敬し共存していくという立場に立って、現地生産・現地販売を進めました。30年ぐらい前、日本の企業は輸出でばんば

図表3-2　経営者の考え方
[メーカー経営者として現場を重視し基本を徹底]

会長　内藤明人

・「**品質こそ我らが命**」の精神で心を込めてモノづくりを行いゼロ・ディフェクトを目指す
・「環境・省エネ」「安全・安心」に配慮した製品づくりを追求する
・海外展開では、**相手を尊敬し共存していく**という立場に立つ
・リアリズム7割・ロマンチシズム3割で経営する（ロマンチック・リアリズム）

社長　内藤弘康

・「**品質こそ我らが命**」の精神を大事にして、他社にない強みを育てる
・「熱と暮らし」にこだわり常に新しいテーマにチャレンジする
・法に触れての売上げ、利益は絶対にあってはならない。**コンプライアンスを徹底**してこそ会社の精神風土も健全となり、前向きな姿勢になれる
・会社の規模の拡大は重視しない。それよりも質のよい会社にしたい。売上げ・シェア拡大より**技術の向上と付加価値の増加**を重視

ん利益を出していました。それで、現地生産はどうかなという考えを私は実はずっともっていました。ところが、いま振り返ってみますと、会長の考え方は間違っていなかったと思います。日本から全部輸出していると先の円高局面では大変なことになっていたなと思います。それから、会長は、「経営者はリアリズム7割・ロマンチシズム3割で」といっています。だんだん年をとってくるとロマンチシズムのほうが6割、7割になりがちなんですが、リアリズムを重視して経営に取り組んでいます。

　私の考え方は、「品質こそ我らが命」の精神を大事にして、他社にない強みを育てていきたいということです。われわれが展開するビジネスは、「熱と暮らし」の部分です。いままではガス器具を中心にやってきましたが、5、6年前からは総合熱機器メーカーとして、電熱機器等を含め総合化に力を入れています。海外でも「熱と暮らし」を中心にして展開していくようにという指示を出しています。

　海外へ行きますと、特に欧米の給湯器は電熱の貯湯式が中心です。タンクにお湯を貯めて、常に湯切れを心配しながら使っています。アメリカなんかでは、冬にシャンプーしながらシャワーを出した途端お湯が切れて水になるというのがいちばん困るらしいです。またタンクのお湯が沸き上がるまで3、4時間待たないといけない。日本にいるとそういうことって全然ないでしょう。これ、日本だけなんです。皆さんは普通に便利な器具に囲まれて生活していますが、シャワーが突然水になる心配なしに生活しているのはほぼ日本だけです。ほかの国はだいたい湯切れを気にしながら生活しています。リンナイはとにかく人々の「熱と暮らし」にこだわって、この向上に貢献していきたいと思っています。

　それから、コンプライアンスの徹底です。法に触れての売上げ、利益、これは絶対にいけません。お金の問題も公私混同は絶対だめです。私も率先しています。私の経費をすべてオープンにしてもらって全然かまわない。公私混同、いっさいありません。これは本当に大事です。上の者が公私混同でお金をちょろまかそうとか、出張したけれどもお客さんのほうが出してくれた

第3章　リンナイ　熱と暮らしを創造する　71

ので二重だけど、まあもらっておこうとか、そういうことを下の人はみていますから、みんなまねするようになるんです。社長がやっていたら副社長がやるし、副社長がやっていれば専務がやるし、ずうっと下りていくんです。絶対やっちゃいけない。

　企業のトップになりますと、このような経営というのははっきりいって楽なんです。コンプライアンスがきちっと守られているとものすごく楽です。余計なことを心配する必要がないから、経営に専念できる。うちはホットラインもありまして、セクハラだとかパワハラだとか、これこれがこんなことをやっていて困るからっていうホットラインを非常に大事にしています。企業によっては部長クラス、役員クラスになると仲間意識というのが出てきて、かたちだけのホットラインで、上がってきても握り潰すところが結構あります。当社は絶対そういうことをやりません。だから、いままでも部長、執行役員が――最高は執行役員ですね――、従業員組合のトップも交えた倫理委員会の俎上に載るわけです。どういう事実があって、第三者として弁護士にも相談して、こういう事例の場合は一般的にはどういう罰則になっているか、その辺も全部会議のなかでオープンにして決めていきます。これはすごく効きました。非常に風通しのいい会社になったと思います。

　私の考え方として、会社の規模の拡大は重視しない。それよりも質のよい会社にしたい――利益率はやっぱり10％ぐらい保っていきたいですね。欧米の会社なんかすごいですから。純利益でも15％、20％とかすごいです。だから、やっぱりわれわれもそうありたいと思いますよね。日本の企業って低いんです。せっかく質のいい商品を一生懸命つくっても、価格競争して安く売ってしまう。これは日本の企業のむずかしい部分ですね。ほかの国ではそんないい商品はないのに、日本企業同士で安売り合戦を始めてしまうんです。それで自滅ですね。これは何とかしなきゃいけないと思います。

　それから、付加価値（売上げ－資材費）を全社員にみえるようにしています。これを始める時は結構どうしようかと迷いました。営業マンがこういうのをみたら、付加価値があるんであればとことん安売りしちゃえとなるので

72

はと迷いました。結果的にオープンにしてよかったですね。営業マンも自覚をもったので、安売りをあまりしなくなりました。これは、でも企業によってうまくいくところと、うまくいかないところがあるのではと思います。とにかく売上げだけを追求すると、間違いなく利益率は下がっていきます。営業をみる人間の上に社長なりがいて、その辺のさじ加減を指示しないと、営業の責任者というのはやっぱり売上げを増やすのが責任ですから。利益とはちょっと違うんですよね。でも、そこまで含めて考えられるように企業の体制をもっていきますと、これはしめたものだということになると思います。

　企業風土というのは、これを変えるのは結構大変だと思います。でも、当社は10年前、体制が変わった時にがらっと変わったと思います。やっぱりトップの腹積もりですね。あと思いますのは、考え方を共有できる経営陣がいると、楽という言い方はおかしいけども、説明する必要がないんですね。同じ考えを共有しているから、「おい、○○君、あれこうだよね」っていったらぴっとわかるわけです。開発にも、「これはこうだよね」っていったら、ぴっぴっぴっと私の考えていることをだいたいわかってもらえる。そういう経営陣がいるわけですよ。これは経営していくうえでものすごく楽ですね。

　それから、気をつけなければいけないのは、部門間の連携です。部門間に壁があると、会社としての効率は間違いなく下がっていきます。壁が高ければ高いほどどんどん下がっていきます。部門間の壁をいかになくすかというのが非常に大事です。そういう点でやりやすかったのが、実は私もリンナイに入ってからいろんな部門を回っていることです。営業をやり、製造をやり、品質をやり、それから経営企画をやり、総務をやり、開発をやり。そういうことで部門間の連携というのがとりやすかった。ですから、部門間の壁がきわめて少ない。これが会社を効率よく回していく秘訣だと思います。会社は大きくなっていくと、この壁がどんどん高くなっていきます。部門の利益を最優先に考え始めると、間違いなく効率が落ちていきます。

　全員の参加性を高めて部門間の壁を低くする——4月1日の入社式の時に

第3章　リンナイ　熱と暮らしを創造する　73

は伊勢神宮へ参拝しています。本社の社員旅行は3年に1回です。昔は毎年やっていましたが、毎年やっているとみんな嫌がる。特に若い女性が全然参加しなくなる。一時期はまったくの中断期間がありました。でも、やめたら、行きたいって言い出すんですね。ですからいまは3年に1回です。年賀式もやっています。終業式は餅つき。こういうことをいうと、何か皆さん、息が詰まるような感じがするかもしれないけど、そんなことはないですよ。日常的にも朝のラジオ体操、QCサークル活動、4S（整理整頓、清掃清潔）タイム——うちの4Sはものすごくて、工場は特に行き届いています。社長室が汚いかもしれないですけどね。

第5節　総合熱エネルギー機器メーカーへ

　ハイブリッド給湯器「ECO ONE（エコワン）」という製品を出しています。これは、あらゆる器具のなかでエネルギー効率性がいちばんの器具です。「エコワン」は5年ぐらい前から取り組んでいるんですけれども、去年でやっと1万台弱まできました。これから大きく売れていく商品になると思います。これは、ガスと電気のハイブリッドで、めちゃくちゃ効率がいい。一次エネルギー効率138％といったら実は驚異的なんです。電気給湯器が必死になってやって、特別バージョンを出しても125％というのがやっとですよ。「エコワン」は楽々と138％までいったので、非常に注目されています。経済産業大臣賞も2年前、古いタイプでもらいました。そういう器具です。いままではガス会社さんがお得意様だったんですけども、こういった商品というのはガス会社さんだけではなくて、電力会社さんも注目する商品だと考えています。

　われわれは、住空間の質を「熱と暮らし」で高めたいと考えています。交通事故で亡くなっている人が年間4,000人ですが、実は風呂場で亡くなっている人が1万7,000人います。特に冬の2月から3月ぐらいまでが圧倒的に

多いんです。これは風呂場が寒いからです。暖かい部屋にいてお風呂に入る
ときに脱衣所も寒いし、そこできゅっと血管が縮まって血圧が一気に上がる
んです。そこがまず第一弾、ぱたっと倒れる人がいるんです。心臓発作とか
いろいろあって亡くなります。そこを通過しても浴室が寒いと血圧が上がっ
たままで、そこでお湯にざぶんとつかった瞬間、血圧が一気に下がるんで
す。そこで気を失って溺死する方がまた多いんです。ですから、経済産業省
も注目しているのが浴室暖房乾燥機で、これから標準設置に近い存在になっ
ていくんじゃないかと思っています。それでわれわれは、いま話しました、
給湯・追い焚き・自動湯張り・暖房もできる「エコワン」、ヒートポンプを
つけなくてもガスだけで給湯できる「エコジョーズ」という高効率の給湯器
がありますので、こういったものでいろんなシステム商品を提供できると考
えています。日本の暖房事情の質をもっと高めていきたいと考えていますの
で、ぜひこういったところに力を入れていきたいと思います。

　ビルトインコンロもものすごく進化していますから、皆さん、ご両親にプ
レゼントするんであればぜひリンナイの「DELICIA」を。これはすごく感
動してもらえますよ。ガス器具ってこんなに進化したのかと。床暖房とこの
「DELICIA」については、買って文句をいわれたことがまずないですね。

　レンジフードですが、海外ではビルトインコンロを買われるとセットでレ
ンジフードも買っていかれるお客さんが多い。それがばらばらなのは日本だ
けです。ですから、われわれもこういったものをセットで売っていこうと思
います。

　それから、電気との差がいちばん出るのがガスの衣類乾燥機です。これは
一度使うとやめられない。モニターなんかを開発段階で頼みますが、モニ
ターは後がややこしいから嫌だって主婦の方が嫌がるんです。ところが、衣
類乾燥機だけはこれはよかったと、電気と全然違ってすばらしいといわれま
す。イタリアでも売っているんですけども、乾燥しているイスラエルで結構
売れています。リンナイイタリアで、イタリア国内の展示会でブースを出し
ていたとき、イスラエルのディーラーの人が来て挨拶したいというので会っ

たら、私に抱きついてきましてね、「ありがとう、リンナイの乾燥機はすばらしい、うちのかみさんはイギリス製の200ボルトの電気乾燥機を使っていたけども、すぐリンナイのにかえて、もうそっちしか使わない」と、そういわれました。

第6節 リンナイの海外展開

さっきも話しましたが、海外の給湯器の標準というのは貯湯式です。瞬間式で1度ずつ温度を設定できるというのは、日本だけなんです。デジタルで1度ずつとか、そんな細かいことを海外メーカーはやらない。ですから、外国の人が日本に来て、自動湯張りで温度を41度で設定しているというのは感動されます。日本人だったら当たり前だけども、リモコンから声が出たとか喜んでいただけます。

いま、アメリカでもタンクレスが普及しつつあります。将来はぜひ30％ぐらいまでもっていきたいと思います。2008年にアメリカでエネルギー効率大賞を受賞したように、アメリカでも高く評価されています。リンナイアメリカもこれから伸びが期待できるということです。

中国はやっぱり期待できますね。上海林内は、1993年に設立して、いまの工場がもう満杯になってきましたので、新しい土地4万3,000坪に建屋を建てているところです。遠からず、上海林内が海外で売上げトップになると思います。

リンナイコリアもかなり古くからやっています。利益的にはもうちょっとあがってほしいですけども、こちらも力を入れているところです。

オーストラリアはものすごく利益率が高くて、去年は利益率10％ぐらいに落ちましたが、一時期は20％以上の利益をあげていました。連結型給湯システム、これは日本でもやっていますが、オーストラリアでつくったほうが世界への展開がやりやすいので、東南アジア、アジア全体に売っていくため、

一緒になってやっています。

インドネシアはずっと長らくやっていたんですけども、伸びる伸びるといわれ続けていたんですが、リンナイ以外はみんな結局撤退しました。というのは、インドネシアでやるとすればガスはプロパンなんですけど、長らく自由化をしなかったんです。自由に売らせないので非常に高く売れるんです。それが自由化になるなるといわれていて、結局ならずに市場もまったく伸びずにずっときていました。それが2006年から自由化がいよいよ本格化しました。ライバル会社はみんな待ちきれずに撤退していて、うちだけが残っていた。それで倍々ゲームで伸びていって、結局2年前には年産700万台、シェアが60％です。つい十数年前までは、海外でコンロ200万台を目指して頑張ろうといっていた。それがリンナイインドネシアだけで700万台までいきました。一時期は30％ぐらいの利益率をあげていたんですけれども、さすがに工場拡張の償却費等もありまして、2014年の実績は売上げ117億円、営業利益13億円と10％以上の利益は出しているというところです。インドネシアでも現地のパートナーと組んでやっていますが、日系企業は正直できちっとやるもんだから、日系企業と組んでいるというとものすごく信頼してもらえて、ステータスも上がるらしいんです。パートナーにも喜んでもらっています。

それとミャンマーですね。ミャンマーでいま取り扱ってくれている人がなんとナイリンさんという人なんですよ。ナイリンさんと食事している時に、「ナイリンさんのどっちが名字でどっちが名前ですか」って聞いたら、「ナイリンが名前で、そのほか何もありません」という。あっちは名字というのがないんですね。

イタリアも売上高は20億円ぐらいですけれども、利益はしっかり出してくれていまして、利益率が16〜17％です。リンナイブランドをしっかりつくってくれていまして、リンナイの給湯器がイタリアではいちばん高く売れています。ボッシュとかワイランドなどの欧州の大手メーカーよりも、リンナイの給湯器は高く売れています。

第 7 節　今後の展開

　日本では電力・ガスの自由化というのが待ったなしです。業界にとっては
おそらく厳しい局面を迎えると思いますけれども、われわれはガスから総合
熱エネルギー機器メーカーへと変わり、先ほどいいましたハイブリッド給湯
器の「エコワン」等を出していますので、それにぜひ力を入れていきたいな
と考えています。やっぱり伸びるのは、特に海外の新興国ですね。この辺に
力を入れていきたいなと考えています。次の３年は過去にない大きな変化局
面を迎えるでしょう。いろいろビジネスモデルも考えています。

　いまいった「エコワン」なんですけれども、先ほどいいましたビルトイン
コンロが売れればレンジフードも売れて、食器洗い乾燥機も売れる。マン
ションなんかみてください。当社のビルトインコンロが入っていたら、だい
たい食器洗い乾燥機も入っています。それからレンジフードも当社経由で
入っています。給湯暖房機を入れたら、リビングで床暖房を入れて、温水
ルームヒーターも入れようということですね。お風呂絡みでは、浴室暖房乾
燥機です。こういう広がりをもった商売をこれからやっていく。単品商売
じゃないんだということです。熱源機だけじゃなくて、リモコンだとか浴室
暖房乾燥機、レンジフードとか、こういうものも一緒に売っていきましょう
という考えです。

　海外のグループ企業もレベルがだんだん上がってきました。たとえばオー
ストラリアも業務用連結型給湯器なんかをやったら、率先してアジアで展開
していこうということで、リンナイオーストラリアが中心になってホテル向
けに進出しました。これからホテルといいますとリンナイの連結型給湯器が
入っていくというかたちにぜひしたいと思います。事実いまそうなりつつあ
るということです。いま東南アジアはホテルラッシュですから、こういうも
のをどんどん入れていきたい。オーストラリアがこのイニシアチブをとって
います。

ASEAN向けのグローバルコンロは、単品のコンロじゃなくて、ビルトインという上から落とし込むドロップインタイプですね。こういったものは高価格帯ですが、ぜひこういうものを展開していきたい。単品商売じゃないんだということですね。

　われわれの子会社群は電子制御技術、流体制御技術、高圧発生技術、いろんな技術をもっています。そういうなかでいろんな部品としての商品展開もやっていきたい。当社にはアール・ビー・コントロールズという電子ユニットの子会社があり、あまり知られておりませんけれども、いろいろなことをやっています。技術の応用があるということですね。こういったところもどんどん伸ばしていきたいと思っています。

　この間「新中期経営計画　数値目標」を出しました。2015年度は、売上高3,180億円で、営業利益をいったん340億円まで、2年前に戻そうと計画しています。2017年度には3,500億円の売上げで、営業利益は390億円、営業利益率は11.1％をねらっていきたいと考えています。国内は成長は少ないものの安定市場です。海外はリスクはあるものの高い成長性が期待できます。「進化と継承」ということを掲げ、総合熱エネルギー機器ブランドとして大きく飛躍をしていきたいと考えています。

　ということでちょっととりとめもない話となりましたが、少しでも皆さんのご参考になればということでお話をさせていただきました。

　以上で私の話を終わります。ご清聴、どうもありがとうございました。

第 8 節　質疑応答

学生　リンナイの強みとして部門間の連携が強いということをあげられていましたが、これは部門間の競争が弱いということを意味するんでしょうか。私は、部門間の競争は強いけれども連携も強い、こういう企業が理想だと思っています。

内藤社長 部門間競争という点では、部門間でもそれぞれ目標を設定していまして、その目標達成のために頑張っています。ただ、それがほかを蹴落とそうということにはならないと思っています。会社としての目標というのがありますから、そこに集中させるんですよね。その辺のバランスをとるというのは非常に大事だと思います。ただ、当社の場合は部門長があちこちさまざまな部門を渡り歩いていますので、俺の部門という感じではない。なるべくいろんな部門を経験させる方針です。私も、開発に入ったからといって、開発だけずっとやっていたら開発偏重になっていたかもしれません。でも、私も営業もやり、製造もやり、品質もやりですから、それぞれの部門に仲間もいますし、いろいろ経験しているので、あんまりあの部門に対してどうこうということはないですね。それよりも、全体で会社としてどこを目指していくんだという、これを強く打ち出すことが非常に大事だと思います。

学生 リンナイさんは、海外投資家の持ち株比率が3割を超えていると思いますが、もしも内藤社長ご自身もIR回りをされているなら、海外投資家からどのような要請とか期待があるか教えてもらえますか。

内藤社長 そうですね。10年前に社長になって半年後に、ある海外投資家が来まして、その頃は目標をいろいろ出していたんだけれども、目標に全然到達していなかった。そうしたら会長と私と、それから経理の責任者の前で、「全然この数年間目標を達していないけどもだれが責任とるんですか」って指さして、「あなたですか、あなたですか、だれが責任とってくれるんですか」っていうんです。ものすごく厳しいなあというふうに思いましたね。

　海外でも短期保有のところもありますし、長期保有のところもあります。そのどちらかでやっぱり違っていて、短期保有のところは現預金を吐き出せ、吐き出せ一辺倒です。長期のところは、「うちは長くもっていますよ」ということで理解があるんですけども、結構吐き出せといわ

れることは多いですね。当社も現預金が積み上がっていますから、「何でこんなにもっているんだ」ということは結構いわれます。でも、ガス機器というのはリスクの大きい商品なんです。だから、大手の家電メーカーは全部撤退していきました。このため、ある程度お金をもっておきたいなという気持ちはあります。ただ、過剰にもってはいけませんが。

学生 一つお伺いしたいんですが、将来的にガスが枯渇する、ガスにかわる何かほかの製品、物質が発見されるとかいろいろな脅威があると思います。社長がいちばん感じている脅威というのは何なのか、教えていただきたいです。

内藤社長 ガスだけでやっているとそういうことになるかと思いますが、先ほども申しましたように、5、6年前から総合熱エネルギー機器メーカーという言い方をしています。ハイブリッド給湯器は、電気も使い、ガスも使うんです。われわれは、お客様の視点でみてどのエネルギーを使うのがいちばんいいのかということに焦点を当てて今後進んでいきたいと思っています。今後は別にガスにこだわるというわけじゃないんです。

　いまガスを脅かすのは何かといわれましたけれども、やっぱり可能性としてあるのは電気と再生可能エネルギーですね。それ以外はちょっとないんじゃないですか。原子力による電気も電気のうちですから、それにかわるものはちょっとないですね。どれかだと思いますね。

学生 私は昔核融合エネルギーの開発に少し従事していた経験がありますが、2040年ぐらいには実用化可能かなという話があるので、それについてはどうでしょうか。

内藤社長 はい。核融合エネルギーになっても結局何をやるかというと、それで熱を出してタービンを回して電気をつくるんですね。要するに電気なんです。だからやっぱり電気というのは常にウオッチしていかないと

第3章　リンナイ　熱と暮らしを創造する　81

いけない。ですからハイブリッド給湯器には電気のヒートポンプも入れて効率を大幅にアップしました。電気とガスのいいとこどりの商品なわけです。柔軟に考えていきたいと思うんですね。その時に出てきたエネルギーをうまく取り込んで、とにかく当社のビジネスフィールドは「熱と暮らし」なんです。

学生 海外で現地生産される際に、パートナー企業を見つけてそこと一緒にやっていかれるという話でしたが、リンナイさんのマインドといいますか企業理念というものを、どうやったらパートナー企業にも植えつけていくというか、醸成してもらえるか。これに関して、どのようなかたちで研修、あるいはアプローチ、コントロールしていかれているのでしょうか。

内藤社長 結局いちばん大事なのは目標とするところが一緒だということです。だいたい当社は50％・50％出資でやるんです。50％・50％でやると、この企業が利益をあげるということがお互いにとって利益になるわけです。これがめちゃくちゃ大事で、一方の利益になるけど一方の利益にならないよというのではだめなんです。常に焦点が同じ方向を向くように、双方の利益が共通なんだと。だから、われわれはこの海外の企業を50％しかもっていないけれども、この企業をよくするために現地の技術者に日本に来てもらって、フルオープンで技術を教え、戻っていって活躍してもらう。これは当社の利益になります。あっちもわれわれの利益のためにやってくれているなあという相互関係ですよね。このベクトルを一致させることが非常に大事です。

学生 それはトップの方はもちろんだと思うんですけれども、現場同士もでしょうか。

内藤社長 現場同士もそれが浸透していくんですよ。技術を隠したりすると、あれと思うでしょう。当社なんかはフルオープンですよ。インドネシアなんかでも、立ち上がるときに工場ラインもつくらなきゃいけない

ということで、現地から十数名、作業員も指導者も一緒に来てもらって、日本にラインをつくって半年研修してもらいました。1カ月15万円払うんです。そうするとインドネシアの人は大変喜ぶ。インドネシアの人が1年日本にいると家が建つ。それで帰ってもらって、同じラインを送り込むわけです。そうすると、日本と同じようにすごい工場ができる。だからパートナーのオーナーさんなんかも工場が自慢でね。自分の知り合いを呼んできては工場のなかをみせて自慢しているわけです。利益は折半ですけどね。お互いにメリットがあります。それが大事です。

学生 私は大学でトヨタの勉強を、自動車の関係の勉強をしています。社風とか全体的にトヨタと共通点があるなと思いながら聞いていました。海外生産の話に関しまして、トヨタだと海外生産をするとなると、ノックダウン方式で向こうで部品をもっていってやると思うんですけれども、海外生産をするときに部品をどうするか、かなり苦労するという話をよく耳にします。先ほど、なるべく現地生産をするというお話でしたが、そういう部品などの点でどうされているのかなということと、どういった苦労があったのか、お聞かせください。

内藤社長 やっぱり段階を追ってということですね。全部一緒に、商品から何から全部一気に立ち上げるというのはちょっとむずかしいですよね。ですから、インドネシアを立ち上げるときも、タイですでに部品生産とかをやっていましたのでタイのほうから部品を送ったりとか。ブラジルで給湯器をやるときは、すでに中国でやっていた上海林内の部品を送って、それでブラジルで組み立てて生産したとか、そういうことをやっています。全部が全部一気にその土地で立ち上がるというわけではありません。販売台数が多くなれば、最終的にはすべてを現地生産するのが目標です。

学生 海外進出にはリスクもあると思います。たとえば為替リスクだったら

第3章　リンナイ　熱と暮らしを創造する　83

現地生産、現地販売でリスクを抑えられると思いますが、ほかにも消費者の文化の違いだったりとか、ディーラーへの知名度が低いだったりとかいろいろあると思います。海外進出する際に何がいちばん課題だと考えていて、どう取り組んでいるか、教えていただけますか。

内藤社長　そうですね。当社は早くから海外に進出しているところもあるんですけれども、このところの海外進出というのは結構慎重にやっています。やっぱり重要なのは、現地の市場がどうなっているのか、どういう商品が売れるのかを探るマーケティング的なことですね。その結果、やっぱり行けるという条件がそろうまで、なかなか本格的には行かないですね。インドなんかもずっと調査しているんですけれど、州をまたぐと税金がかかるとか大変なんです。インドはまた需要も特殊で、コンロは２口とか３口ではだめで４口以上、５口、６口なきゃいかんとか、いろいろ大変なんですよ。日本から送るにしてもめちゃくちゃな関税がかかるし、工場を現地につくるにしても州をまたぐと関税がかかると、にっちもさっちもいかんなあと、そういうようなことです。だから、いまはまだインドには進出していません。とにかくようすを探りながらということになると思いますね。

第 4 章

京都銀行
地域社会の繁栄に奉仕する

株式会社京都銀行 代表取締役会長　柏原　康夫

（講義日：2015年 6 月 4 日）

ご紹介いただきました柏原でございます。皆さん方は日本経済新聞を読んでおられると思いますが、今月（2015年6月）の1日から松本（紘）前京都大学総長の「私の履歴書」が始まっています。

　私ども、去年の4月に桂川に新しい研修所をつくりました。松本先生には、その時のオープニングの支店長会で講演をいただきました。むずかしい話でしたが大変楽しい話でした。いまの「私の履歴書」についても、皆さん方にもぜひ読んでほしいと思います。といいますのは、松本先生も子どもの時に大変ご苦労が多かったそうですけど、私たちの世代というのは皆さん方のような豊かな生活の時代に生まれたわけではありませんでした。B29というのは知ってますかね。私は神戸出身なんですが、神戸にB29が飛んできて焼夷弾を落とし、その焼夷弾で家を焼かれたので泣く泣く田舎へ疎開しました。そしていまでいう仮設住宅、いまのような立派な仮設住宅ではなくて小さな小屋で何年も過ごした経験があります。そういうなかから何とか生き延びてきて、今日にきています。皆さん方は、お父さん、お母さんに感謝しながら、いまのすばらしい生活をこれからもぜひ続けられるような、社会に出てからそういう仕事をしていっていただけたらなあと思います。将来、社会のリーダーになっていかれる皆さん方に、ぜひ、そのことだけは最初にお願いをしておきたいと思います。

第1節　京都銀行の概要

　私が京都銀行に奉職して50年あまりになりますが、若い時は、これからお話ししますが、大変小さな銀行でした。やりがいもありましたけど苦労も多くありました。

　京都銀行というのは昭和16年の10月に丹後（京都府北部）で四つの銀行が合併してできました。戦争に向かっての体制をつくっていくために、銀行の統合というのが政府の命令でどんどん進んでいた時代にできた、非常に小さ

な銀行でした。なぜ丹後でできたかといいますと、丹後は当時、絹織物、ちりめんという産業が非常に盛んだったからです。そういうものを中心にできた銀行でした。

　現在は、総資産が8兆円あまり。預金が7兆2,000億円、貸出金が4兆3,500億円という状況です。銀行の評価では自己資本比率というのが一つの指標になっています。地方銀行の場合は4％以上、海外で支店をもっていれば8％以上というのが義務づけられています。京都銀行は国内基準ですので4％以上あればいいわけですが、現在12.01％という自己資本をもっています。さらに、BIS基準という海外で仕事をしている銀行の基準があります。それでいきますと17.3％であり、求められる自己資本比率は十分クリアしていますが、なぜか格付（R&I）はA＋です。地方銀行のなかでダブルAというのが1行ありまして、これは静岡銀行です。われわれもダブルAぐらいになるだろうといつもいうのですが、なかなかしてくれないんでいつも悔しがっているところです。私どもの自慢としては、有価証券の評価損益というものがあり、これがいま地方銀行でいちばんです。この3月現在で4,800億円の含み益があります。私どもの年間の利益がだいたい200億円ですので、この利益に相当する金額で4,800億円の含み益を使おうと思いますと30年くらいかかる、そんな規模に相当します。

　従業員は3,300人、関係会社を入れても4,000人ぐらいの規模です。店舗は、168カ店、これは京都府内、大阪、滋賀、奈良、兵庫にあり、そして名古屋と東京に1カ店ずつということです。海外拠点は、香港、上海、大連、バンコクと4事務所をもっていますが、これらで営業はできませんので、情報の収集、それからお客様の海外進出のサポートを担っています。

　いま、京都府内でどのぐらいのシェアかといいますと、貸出金で28％、預金でも28から29％という水準です。他府県の地方銀行は35から40％のシェアというのが一般的です。隣の滋賀銀行さん、あるいは奈良の南都銀行さん辺りですと40％ぐらいのシェアではないかと思います。京都の場合、なぜこういうふうかといいますと、京都にはいま三つの信用金庫があり、大変大き

い。京都中央信用金庫というのは4兆数千億円の預金をもっていまして、これは日本一の信用金庫です。それから、京都信用金庫も全国で10番は下らない規模ですね。宮津に京都北都信用金庫というのがありますが、これも約10の信用金庫・信用組合が合併して1兆円弱の規模です。このように大変大きい信用金庫が三つあります。こういう状態のなかで、京都銀行の地方銀行としての相対的な地位は、他府県における地方銀行ほど高くないということです。これには歴史的なこともありますけれども、現状そういうことです。一方で、都市銀行は、30から40年前は40％ぐらいシェアをもっていました。それが現在は20％を切るところです。預金ですと20％を少し超えたところになっています。このように状況に変化があります。シェアを3割以上もちますとある程度のプライスリーダーになれるのですが、われわれはまだなかなかプライスリーダーになれない。競争上は不利な状況が続いています。

第2節　沿革──京都市内への進出と京都企業との関係

　京都銀行の歴史を少し申し上げます。昭和16年に京都府北部の福知山を本店として丹和銀行というのができあがりました。その後、京都市のなかで中小企業金融をやる金融機関がないという声が市内の財界から出て、何とか地方銀行をつくろうという話になりました。その際、「丹後──福知山にあるやないか、あれを招聘しよう」ということで、時の商工会議所の方々、それから当時の蜷川京都府知事──かつて中小企業庁長官をしておられて、もともとは京都大学の統計学の先生でもありましたが、この蜷川知事が中小企業金融をやらないといけないというので、丹和銀行を京都に呼ばれた。われわれは昭和18年に初めて京都市内へ進出、昭和26年に丹和銀行から京都銀行へと名称変更した後、昭和28年に京都市に本店を移し、今日に至っております。

　笑い話というか苦労話になりますけど、当時丹和銀行から京都へ出てきた行員がお客様のところへ「こんにちは」と営業に行きました。「丹和銀行で

すが」といったら「どうぞ入ってください」といって奥へ通されるんです。
丹和銀行の名刺を出すと、「あ、三和銀行と違うんか」とこういって追い返
された。そんなことを先輩の行員がよく嘆いておりました。進出当初はそう
いう苦労の時代が何年か続いたようですけれども、そういうなかで京都で仕
事をしてまいりました。

　当時は西陣が帯の産地でして、これが圧倒的に大きな京都の産業でした。
伝統ある産業でしたから、ここはいまのメガバンク、当時の都市銀行が完全
に押さえていました。また、地理的に近いことから近江商人の方々が西陣で
は非常に強くて、滋賀銀行さんも強かった。われわれは全然相手にされない
時代が続きました。中小企業金融をやれといって招聘された手前、何とか
やっていかないといけないので、中小企業の製造業にその活路を見出してい
きました。この中小企業に活路を見出したことが、今日のわれわれ、さっき
申し上げました4,800億円を超える含み益ができる基礎です。当時、中小企
業でしたオムロン、京セラ、村田製作所、ローム、こういったところと中小
企業金融を始めたわけです。当時のことですから、株ももっておくというこ
とで株の取得も続けてまいりました。それが今日含み益をつくった最初のス
タートです。皆さん方、塞翁が馬という言葉を知ってますよね。禍と福は
行ったり来たりで、よい時と悪い時が出てくるという話です。当初は西陣で
全然相手にされなかった、それで中小企業金融をやった。非常な苦労があり
ましたが、いまから振り返ると非常によかったなあということです。

　京都へ出てきた当時の京都の金融機関の状況と申しますと、京都市とその
周辺に都市銀行の支店が83カ店あり、非常に激戦でした。たとえば広島とか
仙台とかといった地方の大都市といったところは、都市銀行というのは１カ
店ずつしかなかったんですね。それが京都は83カ店あって、都市銀行の牙城
だったわけです。そういうところにわれわれは来たので大変苦労が多かっ
た。現在どうなっているかといいますと、メガバンクとりそな銀行をあわせ
まして29カ店に減っています。私どもは、当時７カ店しか店がなかったんで
すが、いまは81カ店の店舗を展開しています。

第４章　京都銀行　地域社会の繁栄に奉仕する　89

京都へ出てきた経緯というのはそういうことです。非常に幸いなことにいろんな人たちの応援によって京都でスタートができた。最初から京都府の指定金融機関にしてもらい、ずっと今日まで京都府の指定金融機関としてやってきています。

　そういう財界、行政からの応援を受けてやってきたのですが、苦労はたくさんあって、その一つに当時の銀行規制がありました。どんな規制かといいますと、店を出すのに大蔵省、いまの金融庁にお願いをして、ここへ出してよろしいという許可をもらう必要がある。勝手にどんどん進めるわけにはいかなかったんですね。自分たちの自由度は非常に低い時代でした。これはよく皆さん方も聞かれると思いますけれども、当時は銀行の護送船団方式がありました。護送船団というのは、戦争のときに真ん中にある旗艦を周辺で小さな船が守って事を進めていくものです。周囲の小さな銀行も一緒に、都市銀行を真ん中にして引っ張っていくという、銀行のいちばん弱いところに焦点を当てて保護する時代が続きました。これが規制の強い業種の典型です。皆さん方には信じられないかもわかりませんが、当時は預金金利というのは全国どこへ行っても一律でした。普通預金は日歩５厘——といっても皆さん方わかりませんよね。１日当りで計算するんです。どこの銀行へ行っても、どこの信用金庫へ行っても日歩５厘で違いがなかったんですね。定期預金は１年定期が日歩１銭５厘という金利で決められていました。いまはどこの銀行でいくらの金利を出すのかは自由ですが、当時はそういう規制がありました。日歩５厘といいますと年利で計算しますと1.8％、定期預金が当時5.5％だったかな、そういういまから考えると非常に高い金利で統一されていました。これでも非常に銀行が儲かるような預金金利で統一されていたのです。借入金利はもっと高かったですから、いまのような状態ではありませんでした。

第3節　日本の銀行制度の生成

　銀行というのがどういう変化をしてきたか、少し申し上げておきます。日本で銀行ができたのは19世紀の終わりです。明治維新の後、急激に銀行の数が増えます。これは、豪商とかそういった人たちが金融業を始めたからです。その一つが国立銀行条例に基づき国から公認された銀行です。それ以外に地方のお金持ちもどんどんと金融業を始めました。当時は非常にたくさんの銀行がありましたが、さっき申し上げた昭和16年の戦時体制に向かって整理統合が進められ、ほぼ今日の状況、今日よりは少し多いですけれどもそういう状況になっていきました。

　地方銀行というのがどうしてできたかといいますと、いま申し上げたように国立銀行条例に基づきまして全国に銀行ができたのですが、その後、いろいろ不具合が発生し、国立銀行条例が短期間でストップします。その時に153銀行ができていました。それが地方の銀行として定着した一つのかたちです。この国立銀行条例に基づいてできあがってきた銀行は今日でも一部残っています。皆さん方も知っていると思いますが、番号のついている銀行があります。いまはなくなりましたが、第一勧業銀行というのを知っていますか。これは渋沢栄一が初代頭取に就いた銀行です。国立銀行条例に基づいた第1号が渋沢栄一の第一銀行なんですね。これは都市銀行として戦後までずっと続きました。現在残っている地方銀行にもいくつかありまして、新潟の第四銀行、三重県の百五、高松の百十四、仙台の七十七、長野の八十二、長崎の十八、こういう銀行が国立銀行条例に基づいて設立され、後に普通銀行に転換していった例です。

　一方、財閥系の銀行があります。三井、三菱、富士、大和ですかね。大和も野村財閥の銀行だったんですね。三和銀行も鴻池とかの財閥系の銀行三つが集まってできあがった銀行です。ほかには、神戸銀行、東海銀行、北海道拓殖銀行、埼玉銀行というような銀行が都市銀行としてありました。その後

第4章　京都銀行　地域社会の繁栄に奉仕する　91

いろんなことがあって現在ではこれらの名前はなくなっています。

　地方銀行というのは最初は豪商や士族、あるいは地方のお金持ちが集まってつくっていった。それが統合、統合で一つのかたまりになった。それから、先にいった国立銀行条例でできた銀行がありました。こういうのは地方にあった。それから財閥系の銀行、都市銀行が全国で展開していきました。これ以外の金融機関としては、信託銀行、これは戦後できた銀行です。それから長期信用銀行というのがあります。長期信用銀行というのは、皆さん方は知っていると思いますが、日本に三つありました。戦前からあったのは日本興業銀行です。戦後、日本長期信用銀行というのと、日本不動産銀行——後の日本債券信用銀行をあわせて三つありました。これは、戦後の復興期において資金を供給していかなければならない、重厚長大の産業を興していくためにどうしても長期資金が必要だということで、この長期信用銀行というのが設立されて戦後の日本の発展を支えてきたわけですが、その役割がバブルの崩壊とともに終わってしまったということです。

第 4 節　産業構造や社会の変化を読み取る

　先ほども少し触れましたが、私どもが京都へ来た時の銀行の状態は、京都市内では都市銀行が強くて大変でした。そこを何とか乗り切ってきたわけですが、中小企業金融というのは、やはり産業構造の変化のなかで非常に大事だと思います。後で触れますが、われわれが銀行を経営していくとき、あるいは皆さん方がこれから社会に出ていかれるときに、産業構造の変化というのをどう読み取っていくのかが非常に大事です。

　私どもが京都へ出てきた昭和20年代の状況から産業構造は大きく変わってきています。当時は繊維産業が非常に盛んでした。当時の繊維業界には「ガチャマン」という言葉があって、ガチャっと一遍織ったら1万円儲かるというそういう時代です。だから繊維というのは非常に大事にされた産業でし

た。

　ところが、われわれは繊維産業とのパイプがなかったので、製造業で中小企業金融を進めた。京都の中小企業から世界企業に成長していった企業——この図（図表4－1）には大企業だけ載せていますけれども、これ以外にもいくつかあります。村田機械とか、イシダとか、上場しておりませんけれどもこの図の会社に匹敵するような会社もあります——そういうところとずっ

図表4－1　京都銀行の保有銘柄

京都に本社を置く公開企業の65社のうち、38社の株主ベスト10に当行がランクイン

［主な当行保有銘柄明細（所有株式割合順）］

会社名	所有株式割合	当行順位（信託口・自社株除く）
ニチコン株式会社	4.5%	1位
任天堂株式会社	4.3%	1位
日本新薬株式会社	4.3%	3位
日本電産株式会社	4.2%	2位
京セラ株式会社	3.8%	1位
株式会社ワコールホールディングス	3.2%	3位
日本写真印刷株式会社	3.2%	5位
オムロン株式会社	3.1%	2位
株式会社SCREENホールディングス（※）	2.6%	2位
株式会社村田製作所	2.3%	2位
ローム株式会社	2.2%	2位
株式会社堀場製作所	1.9%	5位
株式会社ジーエス・ユアサコーポレーション	1.8%	5位

（※）旧大日本スクリーン製造株式会社（2014年10月名称変更）
（注）　公開企業数は当行を除く。
（出典）「会社四季報　2015年2集」当行順位については、当行で補記

第4章　京都銀行　地域社会の繁栄に奉仕する　93

と付き合ってまいりました。この各企業の株をもち続ける有利さといいます
か、ここから得られる別の果実というものが非常に大きいわけです。いま、
普通の大企業貸出をしますと、貸出金利というのは0.2%とか0.4%とかそん
なレベルなんですね。住宅ローンでも１％ぐらいです。ところが、ここに
載っている株の配当利回りは４％ぐらいあります。ですから、こういう成長
している企業の株をもつことが非常に大きな収益源にもなってきています。

　こういうふうに時代の変化をずっと読み取っていかないといけないわけで
す。皆さん方が将来仕事をしていかれるうえで、産業構造の変化というのは
大変おそろしいです。いま丹後の繊維産業の状況がどういうふうになってい
るかと申しますと、ピーク時は丹後ちりめんの生産高は966万反でしたが、
現在は40万反と、25分の１まで減っています。それから、室町の呉服の出荷
額はだいたいピークの３分の１から４分の１まで減っています。西陣の帯は
780万本だったのがいまは60万本まで減っています。こんなふうに繊維産業
というのは凋落の一途だったんですね。

　それから、私どもは大阪でも商売をさせていただいてきました。大阪は、
いまのパナソニック、三洋電機、シャープといった家電が強かった。産業的
に非常に偏りがあったので、この家電がちょっと具合が悪くなったときにど
うするかということで、自動車産業が盛んな名古屋地区にも出店してまいり
ました。

　その後すぐに、三洋電機の具合が悪くなって、いまはなくなってしまいま
した。シャープも非常に苦しんでおられます。一方で、トヨタ自動車を中心
とした中京地区の自動車産業は非常に活況を呈しています。さらにその前を
申し上げますと、重厚長大といわれた時代がありました。戦後復興に大きな
役割を果たしましたが、重厚長大というのは中国、韓国の追い上げで大変競
争が激化しています。

　そういうなかで幸いなことにといいますか、京都の電子部品業界は非常に
軽薄短小、小さなものですけれども、非常に付加価値の高い製品をつくって
きた。これが世界の企業として成長することになっているわけですが、これ

もいつまで続くか、常に考えておかないといけないなと思っています。産業構造というものが、今後どういうふうに変わっていくかを常に考えておくことが重要です。たとえば、自動車産業では、いまのトヨタ自動車の戦略はガソリン車から燃料電池に移行しようとしていますが、これが電気自動車にかわったらどういうふうになるかなと。

　いまのガソリン車ですと部品が３万点ぐらいいるそうですが、電気自動車になると１万点ぐらいですむそうです。そうすると部品をつくっている産業というのはきわめて大きい影響を受けるといわれています。その次に、先の話でしょうけれども電気自動車に仮にかわったとしますと、今度は組み立てる技術というのがどこでもできる。エンジンの技術がいらなくなってモーターだけで動くということになりますと、いまの複雑な技術がいらなくなります。そうすると、自動車産業そのものも大きく変化していくと思います。このように産業構造の変化を読み取る力というのは、これから事業を進めていくうえではどうしても必要です。

　では、今後どういうふうな分野に進むのかといいますと、目先でいわれていますのが、医療の創薬、それから医療に関するいろんな技術——オリンパス等が開発している内視鏡とかロボットとか、こういった医療分野の成長というのが期待されています。それから、第三次産業の観光分野です。それに、今度はまた戻りまして第一次産業の農業、漁業です。中国やインドで、大量の人口の食水準が高まってきますと、食糧問題のすべてに影響が出るといわれています。肉を食べ、穀物をたくさん食べるようになり、それを輸入していくと、国際的に価格が高騰してきて、日本にも非常に大きな影響が出てくる。この分野を日本で産業としてどうやってつくりあげるかということも、非常に大きなテーマになってくると思います。産業構造の変化というものを、常に先をみつつ、いろんな情報を集めて読み解いていくということが非常に大切になってくるということです。

第４章　京都銀行　地域社会の繁栄に奉仕する　95

第 5 節　京都銀行の経営哲学

　そういうなかで、京都銀行はどうやって今日まで生き延びてきたかということを少しお話ししたいと思います。

　京都銀行の中心的な理念として、「地域社会の繁栄に奉仕する」ということを掲げています。これは基本的理論としてはいまも正しいと思っていますけれども、経営のあり方というのは常にその時のリーダーによって変わるとも思っていますので、私がやってきた経営の方向観というのをお話ししたいと思います。

　まず、私は経営のなかでキーワードを使うのが好きでして、キーワード経営と称しています。「歴史に学び、他行に習う」というのは、これは非常に

図表4-2　経営の骨格

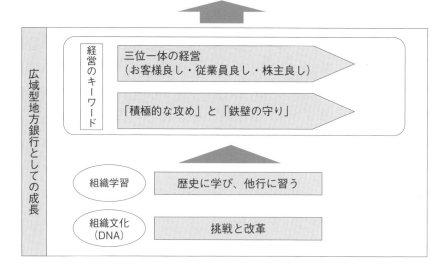

やりやすくて大事なことです。歴史に学ぶというのは、京都銀行は昭和16年に発足以降何度か大きな危機に直面しています。それをどうくぐり抜けてきたのかを学んできました。また、よその銀行は、こういうときにどういうことをして今日までやってきたかをみてまいりました。

まず、自分のところのことですけれども、昭和37年頃に、経営危機が表面化しました。舞鶴に大きな造船会社があり、戦後復興のなかで非常に元気がよかったのですが、経営破綻しました。ずいぶん昔のことなので数字はあやふやですが、私どもの預金が500億円ぐらいの時に、その会社への貸出で10億円ぐらいの損を出したんですね。いまでいくと1,000億円ぐらいの損を出したことになります。こういうことがなぜ起こってしまったのかといいますと、それは体力に応じてリスクを分散していなかったからです。500億円ぐらいしか預金のない時に10億円を1社に集中するという大きなリスク、いまでいうと1,000億円の貸出金を1社に出すというリスク、これは非常に大きなリスクを負ってしまっていたわけです。いまは、私どもは貸出の上限額を決めています。その範囲内であれば、その会社が倒産しても銀行の屋台骨は揺るがないということでコントロールしています。これは歴史に学んだ結果です。

それから、不祥事故です。これは皆さん方はお聞きになってもよくわからないかもしれませんが、かつて導入預金事件というのがありました。導入預金というのは、よその人からお金を預かるときに、見返りに別の人に貸してやってくれという約束を受けるものです。これは非常に大きな事件になりました。いまは導入預金といってもわかる人はいませんけども、われわれにとっては非常に大事な歴史です。

それから、バブルの崩壊です。バブルの崩壊で不動産融資をしていた銀行、このなかで最も典型的なのが長期信用銀行です。長期信用銀行は本来、重厚長大のところに長期資金を出すという役割でつくられた銀行ですけれども、だんだんと重厚長大の資金需要が減ってきた段階で、生き残りを不動産に求めたんですね。この不動産に求めたことによって、土地バブルが起こり

第4章　京都銀行　地域社会の繁栄に奉仕する　97

ました。1985年ぐらいから急激に地価が上がって、そして1990年からバブルが崩壊してあっという間に不動産価格が低下した。それによって長期信用銀行は破綻に進んだわけです。こういう歴史があります。われわれは比較的土地融資が少なかったので、痛手は少なかったんですけれども、こういうところからもやっぱり学んでいく必要がある。

　それから、株の買占めです。経営していますと、いろんなところから株の買占めというのが起こります。私もそういう経験をしたことがあります。それをどうガードしていくのか。企業経営者としては、どうやってこの株の買占めに対応していくのかということです。

　もう一つ、他行に習うということです。当時の都市銀行に神戸銀行、東海銀行、埼玉銀行、大和銀行、それから北海道拓殖銀行というのがありましたけれども、これらはバブルの崩壊後、実質的に経営破綻するわけです。なぜ経営破綻したのか。他行に習うというのはこのことでありまして、東海銀行とか神戸銀行というのは地方の銀行といいますか、その地域では絶対的な力があったんです。東海銀行というのは本当に中京地区においては絶対的な存在でした。「東海銀行は嫌いやけど、あそこと付き合わんとやっていけへんしね」という経営者が多かったんです。それがなぜ経営破綻したのかというと、背伸びをしすぎたということです。都市銀行としての体力、あるいは営業力が十分でないのに首都圏に進出して都市近郊型経営をやった。そうすると、上のほうに三井、住友、三菱、富士という巨艦がいてなかなか大企業取引はできない。そういう財閥系の力に対抗しきれず、それよりも劣後した企業との取引にならざるをえなかったので、破綻に進んでいってしまったわけです。

　こういうふうに他行に習う、歴史に学ぶということは、経営のあり方としてはどうしても必要です。今後は、社会が変わっていきます。少子化、高齢化という時代に向かってまいります。こういう時代にどう対応していくのか。それから、いま、2020年問題というのが銀行業界にあります。1964年の東京オリンピックの後、山一證券が第1回目の危機に陥るような大不況が

襲ってまいりました。オリンピック後の不況です。いまは東京一極集中といわれ、東京では建築ラッシュでどんどん道路をつくり、建物の建替えが進んでいますね。これが2020年に向かって終わっていきます。それから、東日本大震災の復興事業が2020年頃にはメドがついてまいります。ということになると、2020年を超えた時にまた再び不況がくる可能性があるんではないかと。これが2020年問題でして、1964年の経験を学んでおこうというのが、銀行業界だけではありませんが、いわれています。ところが、喉元過ぎれば熱さ忘れるで、またやりかねないのですね。同じことを繰り返す。バブルは繰り返すといいますね。何度も何度もバブルって繰り返しています。だから、この2020年問題というのはしっかり考えておく必要がある、過大な集中というのは絶対に避けておく必要があるんではないかなと思っています。

それで、京都銀行はどうやって生き延びていくかということを少しお話しします。ものを考えるときに「歴史に学び、他行に習う」ということを申し上げましたけれども、他行と同じことをやっていたらあかんわけでして、自分で考えながらいろんなことをやっていきます。

かつては銀行業の規制が非常に厳しいといいましたが、20年ぐらい前から規制が緩んでまいりました。店舗を出すのも勝手にやりなさい、届けだけで自由に店舗を出してよろしいというふうに変わってきました。そこで、さっき申し上げたバブルの崩壊後、都市銀行はどういう戦略をとったかというと、店舗の縮小、人員の削減ということを徹底的にやってきたんですね。京都でも店舗数は大きく減って、半分以下になったと思います。地方銀行も、自分のところの県以外の店舗は地元へ呼び戻すということで、地元回帰が進みました。

そこで私どもは、本当にそんなに縮小していて将来の銀行が成り立っていくかなと考えました。銀行というのは、店を出しますと、どんなに早くてもだいたい5年たたないと利益を生みません。それぐらい長期の投資が必要なんです。しかも、その間に累損がかさみますから、単年度で黒字が出てから、その累損を消すまで12、3年かかるわけです。それぐらい長期的なスパ

ンでものを考えないといけない。簡単に店を閉めて、リストラしました、収益あがりましたって、これは一時的には収益は出るんですけれども、将来5年後、7年後の収益を圧迫することになります。われわれは非常に店が少なかったこともありますので、これはそうではないのではないか、やっぱり量的拡大をやる――こういうことの必要性というのをすごく感じました。それで、平成12年から店を出していま168カ店まで増やしてまいりました。これが徐々に成果を生みつつあります。もう十数年たちましたから、累損も消えて、収益に寄与してくれるようになってまいりました。

　地方銀行が生き残っていくためにどうするかということを、経営者というのは常に考えていかないと負けます。そういうことでいま、私になってから出したのが50カ店ぐらいあります。拡大路線、利益の絶対額を増やす。これは効率は悪いですから、利益率にするとあまりよくないんですね。ところが、絶対額は稼げるということで、バブルで傷んだ内部構造というものは回復してまいりました。

　店というのはどうやって出すかということを申し上げますと、だいたい“攻め”の店と“守り”の店があります。京都府下なんかですと、これは“守り”の店です。ある場所によその競合金融機関が店を出しそうやというと、そこへ先回りして出す。それから、周辺の1府3県については“攻め”の店舗を出す。この時にどうやって出すのかという一つの目安は、自分で考えるわけです。だいたい店舗の距離というのは、預金は半径1キロ、隣接店2キロということです。皆さん方、預金取引される銀行というのは近くの店を考えられると思いますけれども、だいたい1キロ範囲の店を選ばれると思うんですね。貸出しですと、半径2キロ、隣接店4キロという基準で店を出してまいります。こういうおかげで、滋賀県では非常にうまくいったし、大阪の高槻とか枚方とかでもうまくいっています。奈良、大阪市内というのはメガバンクが強すぎてなかなかうまくいきませんが。

　そういうことで銀行の経営のなかで、メガバンクが縮小してきた、効率化を求めてきた。メガバンクでもいまの3大メガバンクは、合併してとてつも

なく大きくなっていますし、また力もありますし、海外で展開する力もありますので、非常に立派な経営をしておられます。地方銀行はそうはいきませんので地元、あるいは周辺で稼いでいくことが大事になります。そういうことでこの地域、関西エリアで攻めの経営を続けているというのが京都銀行の現状です。

　幸いなことに、関西地区というのはまだ経済力が大きい。たとえば、もちろん首都圏はいちばんですが、中京地区と並んで関西地区には成長基盤があります。マーケットとしてはやっぱり日本の2番目の経済圏です。だから、われわれが営業できる範囲というのは恵まれています。そこで積極的な営業展開を進めていこうというので、近い将来200店舗にして、人員を4,000人ぐらいにもっていこうかなと、こんな構想を描いています。

　もう一つ銀行経営のなかで大事なのが、「鉄壁の守り」——信用というものが絶対的に必要です。よろしいですか、銀行へ就職される方がいらっしゃったら知っておいてもらいたいのですが、信用というのがものすごく大事です。基本中の基本です。まず不祥事故を起こさないこと、システム障害を起こさないこと。また、顧客とのトラブルを最小限に抑えるために事務ミスを絶対に起こさない、といっても起こりますけれども、その対応を的確に行うということ。だから、大きなシステム障害は絶対に起こさない。大手の銀行でシステム障害が起こった時に責任をとっておやめになった頭取がおられますけれども、そういうふうにシステム障害というのは、特に金融機関に対しては非常に厳しい社会的な批判があります。システム障害を絶対に起こさないという努力が必要です。信用を守るうえで、不祥事故、システム障害、顧客とのトラブルを起こさない、そして絶対に必要なのが収益をあげて不良債権を極力減らすことだと思っています。

　私どもはシステム障害を防ぐためにいろんな工夫をしています。現在、NTTデータをキーマンにしまして、14行の地方銀行でシステムの共同化を進めています。このことによって開発コストが半分ぐらいになりましたし、さらに先進的なシステムを導入していくにあたって、非常に有効に機能して

図表4－3　京都銀行のリスク管理体制

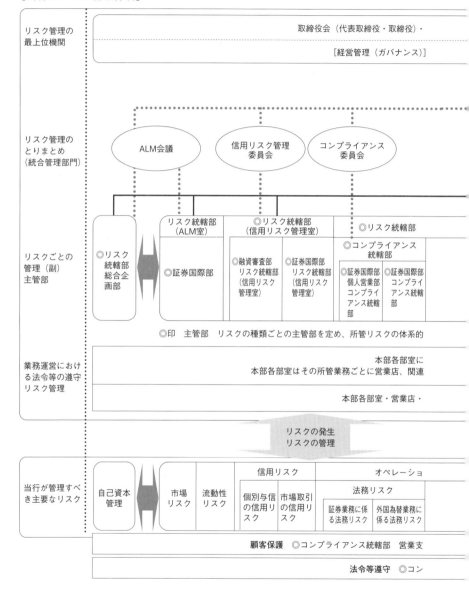

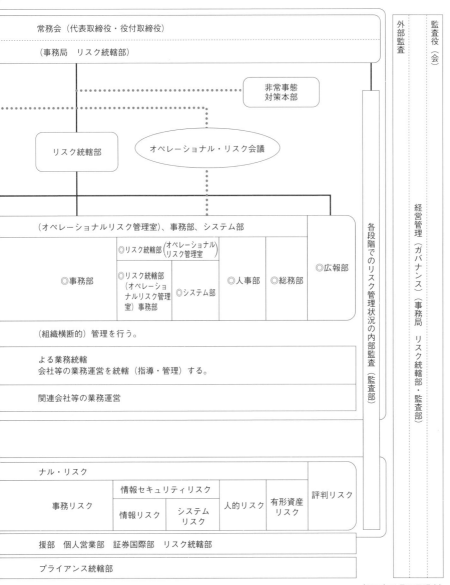

(2014年6月27日現在)

第4章 京都銀行 地域社会の繁栄に奉仕する 103

います。一つ参考に申しておきますけども、システム構築をするときには、絶対に手作業を挟まないシステムをつくることです。いいですか、システムをつくるときに必ずといっていいほど、ちょっとむずかしいところに手作業を入れたいという部分が残ってきます。手作業を入れると、必ず後悔をします。だから、どんなに苦しくても手作業ゼロのシステムをつくることです。

　何でそういうかといいますと、私、人事畑が長いんですがシステムにも携わったことがあるので、その苦労がよくわかります。今回の年金機構の情報流出（注：2015年5月、日本年金機構が保有していた個人情報約125万件が、外部からのウイルスメールによる不正アクセスで流出した）につきましても、さっき「歴史に学び、他行に習う」というお話をしましたが、サーバー攻撃がくるということはいましょっちゅう起こっています。われわれは繰り返し繰り返し見直しはしていますが、昨日も、ああいうような攻撃がきたときにうちは防げるか、ということをもう一度点検させました。これがシステム障害、あるいはシステムにかかわるものを守っていく手段です。トップは常にそういうリスク意識をもちながら経営していく必要があります。皆さん方はパソコンを使われると思いますけども、そのパソコンのこわさというものを知って、どこからくるかわからないリスクを必死で防いでいくわけです。

　私どものリスク管理体系表（図表4−3）をご覧になっても何のことかわからないかもしれませんが、銀行で想定されるリスクをここに全部書き込んでいます。これだけのリスクを毎日毎日それぞれの部署が管理をして、チェックをしながら仕事を進めています。それでもリスクというのは起こります。その時にどうするかというと、この表の右上に「非常事態対策本部」というのがあります。起こらないようにすることと、起こってから対応することの大事さというのを認識してほしいなと思います。どんなにやっても何か起こります。その時に、この非常事態対策本部がすぐに立ち上がってその対応にあたります。トラブルというものを一人で解決させようとしますと、これは絶対にうまくいきません。必ず集団で処理する。一人でやらせると、ごまかしをして解決することが出てきます。この非常事態対策本部というの

104

は必ず五人とか七人のチームで事にあたるということです。こういうことで、リスク管理の徹底が、いまわれわれの銀行では進められています。これが「鉄壁の守り」です。「積極的な攻め」と、一方では「鉄壁の守り」ということを繰り返し進めています。

第 6 節　経営者の役割と社会人に求められること

　いろんななかでキーワード経営ということをお話ししましたけれども、選択と集中ということを皆さん方よく聞かれますよね。たとえばGEが今度金融部門を全部売って、生産部分に回帰するとか、あるいは自分の不得手なものを手放すとか、こういうことがあります。ところが、銀行の場合はこの選択と集中というのが非常にこわい。リスク管理上非常にこわいわけでして、私が徹底していいますのは、選択と分散です。たとえば、シャープが非常に厳しい状況になったのは、あの亀山に液晶の大工場をつくった、堺に大きな工場をつくった、ところがそれが中国との競争において非常に競争上不利だったということで、ほかに手が打ちようがないという状況に陥ったわけです。一方で、日立製作所は7,800億円ぐらいの赤字を出したんですが、日立には五つか六つの柱がありますね。車両もあれば原子力もあれば、あるいは通信もあればと、いろんな柱をもっておられる。柱を分散していれば、その一つが非常に厳しい状態になっても、5分の1か6分の1のリスクですむわけです。そしてそのなかから何かを立ち上げていこうということで進められた。

　いま、選択と集中というのが非常にいいようにいわれています。多分、選択と集中を悪くいってるものはないと思うんですが、本当にそうか。さっき、リストラの例でも申し上げましたが、世の中の流れに対して、本当にそうかなあと自分で考えてみる必要があると思います。常に常識を疑う、あるいはよそのいっていること、一般的にいわれていることは本当にそうかと問

第4章　京都銀行　地域社会の繁栄に奉仕する　105

いながら事を進めていく。選択と集中ということも、正しいときもあれば、そうでないときもあるということを認識しながら事を進めていくことが大事だろうと思います。それが、自分で考えるということです。情報の収集を徹底的にやりながら、常に自分で考える。本当にそうかなと、普通いわれていることは本当に自分にとって正しく当てはまるかどうか、それを考えることが必要です。

経営者には、風を読む力、勘が必要なんですね。勘というのは、例は悪いですがばくちで丁か半かというあの勘ではなくて、情報を収集して自分自身で考えて考えて、そしてそういうなかで何かの現象が出てきたときにぱっとひらめく、風を読む力です。この勘をまず経営者はもつ必要があると思います。ノーベル賞を受賞した先生のお話を時々聞くことがありますが、常識外のことが起こったときに、発見があるとよく聞きます。だから、考えて考えて考えたときに、常識でないことがすばらしい成果に結びつくと思います。こういうふうに、常に自分自身の考えをもち続ける訓練をしておく必要があります。

最後に、それでは経営者というのはどういうふうに自分自身を律していったらいいのか、お話ししたいと思います。経営者で最もまずいことは、おごりが出てくるときですね。経営者のおごりというのは非常にこわい。これが企業にとっては最大の敵です。本当にこれでいいかというのを問いながら経営できる経営者でないと、やっぱり成功しないし、どこかで踏み外すおそれがあります。ご存じでしょうか、平安時代の藤原道長が詠んだ「この世をば我が世とぞ思う望月の欠けたることもなしと思へば」という歌です。この世の中は私のものやと、満月が欠けたこともないようなそういう世の中なんだと、その長が私なんだというようなおごりの歌です。それから、平家物語の冒頭の言葉、「祇園精舎の鐘の声、諸行無常の響あり。沙羅双樹の花の色、盛者必衰の理をあらはす。おごれる人も久しからず、只春の夜の夢のごとし」と書かれています。これを私は、書道で習ったのを書いて掛軸にして会長室にかけています。自分自身の経営者のおごりというものを何としても食

い止めていかないと、経営というのはうまくいかないと思います。

　ただ、一方で、経営というのは民主主義ではできません。経営というのは衆議独裁という言葉が最もふさわしいと思うんですね。多くの人たち、経営層、あるいは一般の社員、そういう人たちの議論を求めて、そのなかで決めるのは独裁なんだと。最終的には経営のトップが決めるということです。決断というのはトップしかできないんです。店を出そう、あるいは撤退しよう、この債権は売却してしまおうというようなことを決めるのはトップしかできません。それをできる能力というものを身につけていかないといけません。

　それから、困難なときにあたって体を張って戦える胆力というものが必要です。皆さんでテレビでごらんになった方、ありますかね。しょっちゅう例に出てくるんで申し上げますと、山一證券の社長が、バブル崩壊後に倒産した時の記者会見です。「私がすべて悪いんです、社員は悪くありません」って泣きながら会見しておられた映像がいまでも繰り返し出されます。これは経営者としての胆力がなかったといわれても仕方がないと思います。その時に覚悟を決め、社員をどれだけ最後まで守り抜くか。自分のことをいう必要はありませんけれども、それぐらいの胆力が、この突破力というものがやっぱり経営者には求められます。トップしかできないことが二つあります。トップに必要なのは大きな決断力、実行力ですが、ごみ拾いもまたせなあかんのですね。ごみが落ちとって、それを拾うということをするのはトップです。何の抵抗もなく拾います。そういうことはやっぱりトップとして必要なんですね。

　衆議独裁と申し上げましたが、多数決でどうしましょうかといってやる経営というのは基本的に成り立たなくて、衆議独裁というやり方が非常に有効です。経営者には厳しい現実がありまして、経営者は結果で判断されます。運も実力のうちでして、非常に順風が吹いていい結果が出たとします。これは本人の努力ではないかもわかりませんが、評価としては非常に高くなる。結果がすべて、そういう非常に厳しいというか不条理のなかで生きていま

す。

　それともう一つ、私が自分自身に言い聞かせてずっと若い時から思ってきたことは、「天網恢恢　疎にして漏らさず」という老子の言葉です。天の網は非常に粗くて大きいけれども、しかしどんな小さなことでも見逃しませんよというこの言葉を、行員に言い聞かせます。また自分自身に対しても、「まあ、これくらいしてもええわな」というぐらいのときでも、やっぱり「天網恢恢　疎にして漏らさず」だということで自分自身を律していく、一つのキーワードにしています。

　最後に、「一隅を照らす」です。仕事をしていくうえで、自分の与えられた仕事を嫌がらずに徹底してやるという思想です。これは比叡山延暦寺を開かれた伝教大師最澄の「山家学生式」のなかに出てくる、「径寸十枚是れ国宝に非ず、一隅を照らす此れ則ち国宝なり」という言葉です。径寸というのはお金のことですね、お金を10枚もらってもこれは国宝にはならない、一隅を照らすという自分の与えられたポジションで最善を尽くして仕事をする、そして社会の役に立つ、これこそが国の宝なんだということを最澄は話して、教えとして伝えています。これを自分の一つの経営哲学といいますか、ありようとして進めています。

　なかなかまとまりのある話ができませんでしたけれども、以上で私の話を終わらせていただきたいと思います。どうもありがとうございました。

第 7 節　質疑応答

学生　産業構造を読み解く力というのが重要だというお話なんですけれども、こういう力をどうやって養うのか、会長ご自身がご経験されたなかで、これは重要だなと思うことがあれば教えてください。

柏原会長　なかなか自分にそんな力があると思いませんけれども、やっぱり産業構造の変化については、日々問題意識をもって社会をみるというか

そういうことが必要になると思いますね。いま振り返ってみると、日本の女性が着物離れをしているなというときに、もっと的確に和装産業の衰退ということを予測すると方向観が違ったかなと思います。そういう社会の変化と産業構造の変化をうまく理解していけたら非常にいいと思います。

　いま、高齢化社会、少子化社会というのがありますが、これも一つの大きな変化ですけど、その時に産業構造が変わるのかということだと思いますね。ちょっと申し上げましたけれども、ここから20年ぐらいの間は医療関係、創薬関係が大きく変化するだろうという想定です。やっぱり高齢者が多くなれば、必ずいろんな問題が医療の現場で出てくると思います。それから、中国、インド、東南アジアの非常に大きな人口を抱える国々の生活レベルが向上してくると、それによって起こってくる食糧の問題、水の問題、そういったことが多分出てくる。社会を構成する人の変化というか、嗜好の変化といったもののなかで、産業というのは変わっていくのではと、こんなふうに思いますね。

学生　京都銀行さんが上場企業の株式をたくさんもっておられることに関して質問をさせていただきます。なぜ、債券ではなく株式で投資をしているのか、また株式ではどれほどのリターンを期待して投資しているのかをお聞かせください。問題意識として、高いリターンを期待する株主のなかに、それほどのリターンがなくてもいい銀行が入るのはどうかなと思い、質問をさせていただきました。

柏原会長　いま巷でいわれるようなことで、もったわけではありません。勃興期にある中小企業のなかで、定まった利息支払や返済期日のない長期資金を調達したいという希望があって、こういった人たちを長期で応援をしようということで株式投資が始まったんですね。だから、当初は利回りとかそういうことを考えておらず、融資を進めていくうえで株式の政策投資が非常な支えになるということでした。結果として、いま融資

第4章　京都銀行　地域社会の繁栄に奉仕する　109

金利が非常に低い状態になってきますと、投資した各企業が成長してリターンが大きくなっていますから、われわれとしては非常にありがたい状態にあると思います。ただ、メガバンクなんかは不良債権の処理の時にかなり売りました。京都銀行はその受け皿にもなって、当初は全部50円で購入した株だったので非常に安かったんですけど、バブル崩壊後にメガバンクが売ってきた時に買った株というのは高い値段で買っていますから、購入コストは大分上がっています。そういうことで、株式で儲けようという気持ちで買ったわけではありません。結果として、いままで長期でもっていることでリターンが非常に大きくなっているということですね。

学生　地方銀行の歴史的な経営統合、再編の流れがいまあると思うんですが、今後、京都銀行さんが経営戦略として、地方銀行の再編が進むなかでどのような仕事をやっていくのかということをお話しいただけますか。

柏原会長　その質問は、アナリストからは頭取以下に毎回毎回質問を受けておりまして、みんな、答えに困っているテーマです。いま地方銀行に対して、これから低金利が続いて収益が低下するから何とかしろよという圧力が非常に強いんですね。

　　合併ということは、もちろん経営者ですからみんな頭の３分の１ぐらいにはその意識はありますけども、現状そこにエネルギーを投入するのはちょっと厳しいなあと思います。自前でとにかく行けるところまで行く努力をしながら、また条件が変わればその時考えようというのが、いまの京都銀行のスタンスだといえばいいでしょう。

第 5 章

小林製薬
あったらいいなをカタチにする

小林製薬株式会社 代表取締役会長　**小林　一雅**

（講義日：2015年 6 月11日）

皆さん、おはようございます。今日は初めに、小林製薬というのはどんな会社なのかということと、どんなことをしている会社なのかということを話します。その後、私の経営の理念、方針の話をさせていただこうと思っていますので、よろしくお願いします。

第 1 節　小林製薬の概要

　まず、会社の概要ですが、道修町（どしょうまち：大阪市中央区）で会社を起こして、医薬品やトイレタリー製品の製造販売をしています。トイレタリーというのは、芳香消臭剤やオーラルケア、あるいは日用品のことです。現在社長は私の息子がしており、2年になります。44歳の若い社長です。創業は、いまから129年前ですね。結構古い会社です。それから株式会社になって96年が経ったということです。連結売上高が1,283億円、社員は約2,500名という規模です。

　スタートは日用雑貨や化粧品の店として創業しています。いまから127年前に薬品卸を開始していまして、その薬品卸が小林のメインの事業であった時代が長かったというところです。「タムシチンキ」という薬を発売したのが1894年です。卸事業ではなかなかむずかしいので、メーカー化を目指そうということで製品を製造発売し始めました。それから、1969年に「ブルーレット」を発売しています。「ブルーレット」は現在でも小林のトップブランドですが、この製品の発売は46年前ともう相当前になります。それから、1972年に医療機器分野に参入しています。1998年に中国、アメリカに現地法人を設立。上場したのが1999年です。そして、2008年に卸事業を譲渡しました。この当時の卸事業の売上高は1,300億円ぐらいありましたので、メーカー部門よりも売上高の大きい卸部門を譲渡するという大きな方向転換をしたわけです。そして、2012年に医療機器事業を譲渡して、メーカー一色のわかりやすい企業として会社を運営することになったわけです。

112

次に、経営理念です。「我々は絶えざる創造と革新によって新しいものを求め続け、人と社会に素晴らしい『快』を提供する」というのが小林の経営理念です。ここで大事なのは、「創造と革新」ということです。企業が成長するのにいちばん大事なところは創造し革新することであり、小林の経営理念の中心に据えています。この10年ぐらい使っている「あったらいいなをカタチにする」というスローガンがありますが、これは「ああ、あんなものがあったらいいな」「こんなものがあったらいいな」という小林の製品開発の日常が会社のスローガンになり、これが創造や革新というものに結びついていると思います。

　売上構成は、国内販売として79％、海外販売が12％、サプリメントを中心とした通信販売が7％となっています。

　主要なブランドは、医薬品では「アイボン」「ナイシトール」「命の母」「のどぬ〜る」「アンメルツ」。そしてオーラルケアでは「生葉」「ブレスケア」「やわらか歯間ブラシ」「タフデント」。食品としては「小林製薬の栄養補助食品」と「イージーファイバー」。衛生雑貨品としては「熱さまシート」「ケシミン」「サラサーティ」。そして、芳香消臭剤としては、「ブルーレット」「消臭元」「香るStick」というようなもの。家庭雑貨品としては「かんたん洗浄丸」とか「メガネクリーナふきふき」ですね。それから、カイロ。こうした製品が小林を支えているブランドです。皆さん方に使っていただいている製品がたくさんあるのではないかなと思っています。

　次に、カテゴリー別売上高構成比をみますと、芳香消臭剤が26％、医薬品が19％、スキンケアが17％、オーラルが13％、カイロが13％と、製品が結構ばらけています。一極集中するよりはこのようにいろんなブランドがたくさんあるほうが、やはり企業を安定化させるうえにおいて非常に大事なところだと思って、そのようにやってきたつもりです。

　業績ですけれども、売上高は先ほどいいましたが、経常利益率は14.7％を出しています。業界のなかで経常利益率14.7％というのはトップクラスで、経常利益率が非常に高いというのが小林の特長になっています。

第5章　小林製薬　あったらいいなをカタチにする　113

次は、売上高の推移です。3年前に医療機器事業を譲渡したため、そこで売上高を落としていますが、そのほかは右肩上がりで売上高は伸びています。

　次は利益面です。17期連続の増益を達成しており、非常に順調に利益を稼げているというのが現状です。

　それから、株主還元です。16期連続の増配、すなわち配当を16年ずっと少しずつですが伸ばしてきているというのが、小林の現状です。この辺は投資家の人にも非常に評価をされているところです。配当性向は29.5％と、その辺りを維持しています。

第2節　小林製薬のビジネスモデルの特徴

　小林のビジネスモデルについて、三つの話をしてみたいと思います。

　まず、「小さな池の大きな魚」というこの意味は、ニッチマーケティングを追求するということです。みんなが釣りにくる大きな池は競争が激しいので、小さくてもよいから自分一人で釣る。そして、その池を掘り続けて大きくする、あるいは大きな魚がすみやすいような池に変えていくというのがニッチマーケティングの考え方です。たとえば100億円のマーケットがあった場合、その100億円のマーケットのなかで10％をとれば10億円の売上げになります。しかし、その10億円をとりにいくと、売上げは10億円あるものの、そのマーケットでは6位とか7位とかのブランドになりますので、お金を投資してもなかなか売上げがあがらない。そして、競争が非常に激しくなっているので利益は出ないか赤字になる。これが大きなマーケットを小林がねらってこなかった理由です。小さいマーケット、すなわち小さな池の魚をとると、たとえば10億円のマーケットしかないけれども、そのなかの7割とか8割をとると売上高は7、8億でトップブランドですから、利益はすごくとれる。トップを走っているということによって評価されるということもあって、そういうブランドをたくさんもっているというのが小林の強みであ

図表５－１　小林製薬のビジネスモデル

―[小林製薬のビジネスモデルの特徴]―
① 「小さな池の大きな魚」
　　〜ニッチマーケティングの追求〜
② わかりやすさの追求
③ アイデア提案

ります。

　たとえば洗眼薬というマーケット、この小さな池を例にとれば、そのなか
で「アイボン」のシェアは65％あります。圧倒的に強いので、この洗眼薬市
場においては「アイボン」がトップブランドであり、大きな利益を生んでい
ます。それから、女性保健薬というものを考えてみると、「命の母Ａ」は
シェア57％をとっており、これも同じことがいえます。それから口中清涼剤
をみますと、「ブレスケア」は78％のシェアですので圧倒的に強いブランド
で、おそらくほかのものがこのマーケットに入ってきてもなかなか競争に打
ち勝つことはできない。そういう優位な状態にあります。水洗トイレ用の芳
香消臭剤「ブルーレット」、これも圧倒的に強いブランドです。それから冷
却シートも、「熱さまシート」は54％のシェアをとっている。それから傷あ
とを改善する薬「アットノン」という新しい製品ですが、市場の95％をとっ
ている。

　このように、マーケットのなかでトップを走っていると利益が多くとれま
すし、このマーケット自体を小林が守っていかなければいけないという強い
信念、執念のもとにこのマーケットをみていくことができるので、１位の座
をどこかに奪われることはいままで一度もなかった。こういう小さな池の大
きな魚をねらうニッチトップという戦略をいままでもやってきましたし、今
後もやり続けたいと思っています。

　次は、わかりやすさの追求です。「わかりやすいコンセプト、わかりやす
いネーミング、わかりやすいパッケージ、わかりやすい広告」とあります

が、この四つの、コンセプト、ネーミング、パッケージ、広告というものが非常にわかりやすい。これが小林の特徴になっています。マーケティングのなかで最も大事なことは何かと問われたら、私はいつも、「それは理解です」といっています。理解ということは、「あ、そうか」と「あ、なるほどそういうことか」ということが、コンセプト、ネーミング、パッケージ、広告でわからなければ、それはいいマーケティングをやっていることにはならない、そういうことだと思うのです。

　コンセプトというのは概念ということですが、わかりやすいコンセプトというと、この製品は、どんな製品であり、何に効く製品か、何に使って便利な製品かということがはっきりお客様にわかるような、そういうコンセプトの製品でないとだめだということです。広告をして、なるほどと思ってもらう、そういうコンセプトの製品を考えなければならないと思います。

　ネーミングについては、たとえば「糸ようじ」──歯間フロスですね。それから「熱さまシート」「あせワキパット」「トイレその後に」「サカムケア」「チクナイン」──これは蓄膿のお薬ですけど、「さぼったリング」──これはトイレ掃除をさぼっているとトイレのなかに黒いリングが出てくるので、それを製品名にしているんですね。「オシリア」──お尻のかゆみをとる製品、「スミガキ」というのは炭の入った歯みがきです。「ケシミン」はしみをケアする化粧品です。それから「しみとり〜な」「ブルーレットおくだけ」「のどぬ〜るスプレー」、わかりますよね。それから「ガスピタン」──おなかのなかのガスを抑える。このように製品の名前をみるとだいたいこの製品はどんな製品なのかがわかる、これが非常に大事です。

　その次がパッケージのわかりやすさです。たとえば「熱さまシート」をみていただくと、パッケージに「熱さまシート」と大きく書いているし、「この製品は何に使う製品かな」と思うと、「あ、これはおでこに貼って熱を下げるんだな」と、一遍にわかります。どんなものが入っているのかということは、上の冷感つぶのシートをみればわかります。このように、一見したらこの製品はどんなものか、あるいは何をどうしてくれる製品なのかわかるよ

うなパッケージにするということが非常に大事です。一貫して小林はこの路線を貫いてきました。

　次に、わかりやすい広告です。小林の広告をみていただいたことがあると思いますが、そんなに奇をてらったものや洗練されたものはありません。しかし非常にわかりやすく、「あ、そうか」「そういうことか」ということがわかっていただけるように考えています。いちばん初めに「小林製薬」というのが出てきて、製品名が出ます。続いて「こういうとき困ってますよね」「だったらこれがいいですよ」「こういう成分が効きますからね」「治ってよかったですね」という流れで、最後にもう1回製品名が出ます。口でいえば簡単なことなんですけど、これをやり続けることが大事で、おもしろくないからそれはやらないというのではなくて、おもしろくなくてもとにかくこれをやり続けるというところにお客様の理解が得られると思います。広告というのは、100回みたからわかったでは意味がない、1回みてわかったということでないと意味がないと思います。そういうことから、わかりやすい広告をつくろうと思うと、やっぱりこういうような内容にしないとだめだということになるかと思います。

　次に、アイデア提案ですけど、小林は日本一アイデアを多く出している会社だというふうにいわれていますし、自負もしています。その内容を説明していきたいと思います。

　月例のアイデア会議では、担当者が毎月1回社長に新製品のプレゼンをします。年間に300件ぐらい製品のアイデアが説明されます。社長以下幹部が聞いていて、それをやるのかやらないのか、その場で即座に決めています。これは非常に大事な、将来の小林の宝をつくる会議です。

　次に、社員提案制度というのがあります。直近（2015年3月期）で4万5,000件の提案が社員によって出されています。実はこの社員提案制度は30年間続けております。どこの会社でもアイデア提案制度というのはやりますが、大抵は三日坊主で3年とか5年でやめてしまいます。しかし、小林はこれが命、これが心臓であると思って、30年間やってきました。その結果、

４万5,000件、社員が2,500名だとして一人年間10件以上出しているということになります。そのように社員がアイデアをいつも考えている。どこにいても、何かないか、何かないかと思ってアンテナを高く上げているところに、新製品の開発に結びつく小林の土壌があると思っています。

　次に、これも大事な開発会議です。開発参与委員会というのがあり、これは先ほどのアイデアを、今度は製品として発売していくことを決める会議ですね。担当者が現物の製品をみせて、このような製品でこのアイデアを生かしたい、このような製品で売り出したいという説明をします。それを社長以下幹部が聞いて、これでいくのか、これでいかないのか、あるいはこれをどう変えるのかということを議論しています。月に２日間、１日８時間ぐらいかけてこの会議を運営しています。小林にとって、この会議を経ることによって本当にいい製品を店頭に出していけるという非常に大事な会議です。

　最後に、これは一つの大きなプロジェクトとして去年から始めたものです。100期を迎える小林にとって何か一つ大きなイベントをやろうということで、全社員が参加する「全社員アイデア大会」というのを去年から始めました。グループ全員参加で、創立記念日である８月22日に職場でアイデア会議をやって、徹底してアイデアを出し合う。当初2,581件のアイデアが出されて、それを事業部単位で代表アイデア選考会というのをやって、決勝大会ではみんなの前で19件のアイデアが発表され、そこでみんなの評価を得て、できれば100期の記念新製品として発売できたらいいなというプロジェクトです。これは非常にいい会議なので、100期には関係はありませんが、今年も、来年も、再来年も続けていきたいなと思っています。アイデア創出プロジェクトの一つです。

第３節　全社員参加経営
──小林製薬のユニークな制度

　次に、全社員参加経営ということを説明していきます。

これは19年前の私の写真です（図表5－2）。すごく若く写っていますが、「今日から私も『小林さ̇ん̇』です」ということで、小林では、1995年から「さん付け制度」を導入しています。社長、部長、課長とは呼びません。小林が二人、三人いますので、私は会社ではKさんと呼ばれています。一雅のKですね。新入社員でも私のことをKさんと呼んでいます。なぜ、「さん」付け呼称がいいのかということですが、権威主義とか官僚化を排除するということで、非常に大事だと思っています。

　会社のなかに権威主義だとか官僚的な考え方が入ると、その会社は一挙にだめになります。間違いなくだめになります。だから、成長している会社、いい会社は絶対に権威主義ではないし、官僚化はないと思います。やっぱりすごく柔軟で、そしてやわらかい感じがないとだめですね。順応性がないとだめだと思います。上司がいばったら、ろくなことがない。下から意見をいいにくくなるし、何かアイデアがあっても、何か考えがあっても、上司が偉

図表5－2　「さん付け制度」

・権威主義・官僚化を排除するため、1995年に導入

導入当時のポスター

第5章　小林製薬　あったらいいなをカタチにする　119

そうにしていると、なかなかいいにくいということになります。それから、官僚化というのは、要するに、「会社のことだから別に俺が考えなくても大丈夫だろう」「俺がこのぐらいしても大丈夫だろう」という親方日の丸の考え方ですよね。そういうことがいちばんいけない。そういう権威主義、官僚化というものを排除していくために、「さん」付け呼称を続けています。上司も部下も仕事の前では平等であるという考え方、これを踏襲していかないといけないと思います。企業が権威主義だとか、あるいは官僚化というものになれば、大企業病、つまり「ゆでガエル現象」と呼ばれる状況になって、成長しなくなる、気づかないうちに間違いなく衰退すると思います。

　次に「ホメホメメール」というのをやっています。信賞必罰という言葉があって、厳しく責任をとらせるということは企業ではよくやりますが、ほめることはなかなかむずかしいと思います。上司が部下に向かって、「おまえよくやった」となかなかほめにくいものなんです。そこで、会社に大きく貢献した人、あるいは何か新しいチャレンジをした人、何かすごいことをした人に対して社長が自らメールを発信するというのが「ホメホメメール」です。いいことをすれば全社員でほめるというムードをできるだけ強くしていこうという一つの方策です。

　それから次は、提案夕食会です。これは先ほどの4万5,000件の提案のなかから優秀な人を選んで、年1回食事会をして、表彰するという制度です。これももう20年やっていますが、なかなか2年連続、3年連続と出てくる人は少なく、狭き門になっています。社員がここに招待されることを喜んで、一生懸命提案を書くという環境ができあがっているということです。

　次は、LA&LA（Looking Around & Listening Around）という制度です。私と副会長が全国の営業所や研究所、工場、本社などを回って、現場の社員と語り合う、そういう仕組みがこのLA&LAというものです。だいたい1時間半ぐらいですが、社員からいろんな意見が出ます。会社に対する要望もあれば、不満に思っていることもあるし、あるいは建設的な意見もあります。そういう意見をどんどん聞いて私が答えます。そしてまた、その答えのなか

で社員に対して私の考え方を教育していくという側面もあります。社員にとってはトップと接するいい機会で、だいたい私は年間に15カ所ほど回りますので、3年に1回ぐらいは社員の皆さん方と会っているんじゃないかな。なかなかトップと会う機会がないので、こういう時に社員は一生懸命自分の意見を語ることになります。

　次は、従業員に対してストックオプションを付与するという制度です。一般的にストックオプションのほとんどは、取締役や執行役員といったトップ経営層の人のみが付与されます。それは、業績を伸ばして株価を上げたのは経営者であり、経営陣であるからという考え方だと思います。しかし私は、そうじゃないと思うのです。たしかに上にいるものがリーダーシップをとって成果をあげたかもしれませんが、一般社員の方が努力したからいまの成果があると考え、一般社員に対してもストックオプションを提供することにしました。おそらく一般社員にストックオプションを提供したという企業はいままで聞いたことがないので、非常にまれなケースだと思います。ストックオプションを提供したのが2012年、その当時の株価が5,751円だった。いま（2015年6月11日現在）の株価は8,110円まで上がっています。これは、自分たちがこの3年間一生懸命頑張った成果です。このようなかたちで全社員に成果を享受してもらうことは、すごく意味のあることだと思っています。

　次に、社会貢献活動、CSRです。世界遺産にバイオトイレを寄贈するということをやっています。小林は芳香消臭剤をたくさんつくっていて、それが一つのメイン事業になっていますので、トイレ関係で何か貢献できないかと考えました。知床や白神山地、屋久島、石見銀山、富士山、小笠原等々の世界遺産にはトイレが非常に少なく、汚染が進行しています。そこで、おがくずと微生物を使って処理、分解して、熱によって水分を蒸発させてきれいにするというバイオトイレを寄贈しています。おがくずは年に2～3回交換し、使用後のおがくずは理想的な有機肥料となる、そういうものを現在寄贈しているところです。1年に1件ぐらい寄贈しています。

　次は、小学校に洋式トイレを寄贈するというプロジェクトです。小学校の

第5章　小林製薬　あったらいいなをカタチにする　121

トイレというのは古くて和式が多いのですが、子どもたちは和式トイレが苦手で、トイレがくさいとか汚いとかでなかなか学校で排便できない子どもがいます。不愉快にトイレを使っているというのです。そこで小学校に洋式トイレを寄贈するという貢献活動をやっています。これまでに60校に寄贈し、これを100校を目指してやっています。毎年、12校の小学校へ洋式トイレを寄贈しています。

　それから、2011年3月11日に起きた東日本大震災への復興支援として、製品92万個の寄贈と、義援金として宮城県に1億円を寄付しました。実は小林は仙台に工場があってその工場も被災したこともあり、宮城県に贈りました。それから、「1円の想いキャンペーン」というのをやりました。製品1個をお客様に買っていただいたら1円を積み立て、合計3億円を寄付しました。また、中小企業支援として、石巻信用金庫様と共同で中小企業10社に対して1社1,000万円を上限に最大10年間の無利子無担保融資の実施も行っています。それから、被災学生への奨学金の授与です。大学に行けないからアルバイトをするという人もたくさんおられましたので、高校生10名に対して最大4年間500万円の奨学金を授与するという活動も行っています。宮城県に貞山運河というのがありまして、そこに5,000万円を寄付して毎年桜の植樹をやっています。このような震災復興活動をやらせていただいています。

第4節　私の哲学・考え方

　これから少し時間をいただいて、私の経営の考え方を少し述べてみたいと思います。

　まず、「ダーウィンの進化論」についてです。ダーウィンの進化論というのは最も強いものや最も賢いものが生き残るのではなくて、最も環境に適応したものが生き残るという話ですよね。企業は環境適応業といわれています。世の中はどんどん変わっていく、変化していくなかにあって、企業は

ゴーイングマイウェイでは絶対に成長できない。すなわち、環境をよく知って、よく学んで、そしてその環境の変化を考えながら新しいものをどんどん考えていく、新しい提案をどんどんしていく、革新をしていくということでないと、企業は絶対成長しないと思います。

　先ほど少しいいましたように、創造とか革新ということは企業にとって最も大事なことだし、そして小林としてはそれが理念や哲学になっている。というのは、創造ということは新しいものをつくることですよね。革新というのは、いまあるものを変えて、新しいものにしていくということですよね。人間もそうかもしれませんが、こういう二つの活動がないと、絶対に成長はありません。「まあ、こんなもんでいいか」「この辺でいいんじゃないの」というのが現状維持ですが、それをやっていると企業は間違いなく衰退します。絶えず新しいことを求めて革新し、創造するということが企業にとっては非常に大事です。こうしないとおそらく成長はありません。創造と革新の報酬が利潤だと私は思っています。どれだけ新しいことができたか、どれだけ変えられたか、それが企業の利潤だと思います。それが弱いと儲かりませんし、成長もありません。そういう考え方を小林としてはとり続けてきましたし、今後もとっていきたいなと思っています。

　二つ目は、「強いボールを投げる」ということです。壁にボールを強く投げると強く返るし、弱く投げると弱く返る。われわれ会社、組織、それから社員が、絶えず強いボールを投げるという姿勢になかったらだめだと思います。人間にとって強いボールを投げ続けることは、そんな簡単なことではないんですね。どこかで楽をしたいと思うし、どこかで手を抜きたいと思うし、どこかで「まあ、こんなもんでいいんじゃないか」と思うところがあると思います。それを乗り越えていつも強いボールを投げるということは、そんなにやさしいことではない。

　熱意のない人は人を引っ張れない、あるいは人の上に立てないということをよくいいます。熱意というのは強いボールです。自分が一生懸命強いボールを投げていると、部下がなるほどなと上司の背中をみて、そのリーダー

第5章　小林製薬　あったらいいなをカタチにする　123

シップに従っていくと思います。楽して、手を抜いていい成果があがるということは絶対ありません。アイデアでもそうです。いいアイデアが出るのはたまたまではないと思います。アイデアが出るのは、四六時中、何かいいのがないか、いいアイデアがないか、いいアイデアを発見できないかと思っているからです。たまたま、どこかの時に気がつくだけであって、下地がないと絶対だめだと思います。のた打ち回るような苦しみのなかにしか成功はないと、私は思っています。社員に、「そう簡単に成功するものはないよ」「そう簡単に新製品の開発ができるわけじゃないよ」「そう簡単に儲かるわけじゃないよ」といつもいっています。本当に苦しみ、苦しみ、苦しみのうえに成果がある、利潤があがる。そう考えないといけないと思っています。

　次に、「逆境が人を育てる」ということをお話しします。逆境の反対は順境です。順境の時には会社も人も成長できません。要するにうまくいっている時、景気がすごくいい時、そういう時は、会社も人間も組織もうまくいきます。ちょっとぐらいミスをしてもうまくいってしまうものです。環境がいいから、引きずられてそういう波に乗っているのだと思います。そういう時には人間も組織も会社も絶対に成長しませんし、強くはなりません。逆境、逆風、そういう時にこそ初めてその人の力が出ますし、会社の力が示せます。逆境というのはだれでも嫌ですし、求めて逆境に入る人はいないでしょうけれども、人生も、あるいは会社の仕事もほとんど逆境の連続といっていいかもしれません。順境よりも逆境のほうが多いと思っていいでしょう。その逆境の時にどう考えるかだと思います。「ああ、いい薬だ」「神の試練だ」と思ってその逆境に対して正面から対峙して、それを乗り越えるその時に成長があるし、成功があると思います。ぐんと伸びると思います。

　私も昔、個人的に逆境にあった時に、禅宗のお寺に参禅に行き、そこの老師に、「こんな状態です」「こんなつらい厳しい目に遭っていますけれど、いったいどうしたらいいですか」という話をしました。そうしたところ「小林さん、それはよかったではないですか」というんですね。「そんなばかなことはないでしょう」と私は思いましたが、しかしそれはいま私が話をした

ように、やっぱり逆境というのはだれにでもあるわけだし、逆境が大きけれ
ば大きいほど大きなマイナスというか、負担があると思います。しかし、そ
の大きな負担、厳しい負担、苦しいところを乗り越えることによって、いっ
そう人は成長するのだと思います。

　会社でもそうです。昔、小林は海外企業との合弁事業で入れ歯洗浄剤を販
売していました。それが合弁相手から、突然合弁解消を通告され、約100億
円の売上げを失うことになりました。そこで、急きょ「タフデント」という
競合品を出しました。その時に大変な作業をやりました。モノをつくるこ
と、モノを売ること、これにはすごく苦労をしました。その苦労はいまの小
林にすごくいい意味で根づいていると私は思います。もし、その苦労がなけ
れば、やっぱり小林はひ弱だったかもしれません。そういう意味からする
と、私の人生もそうだったし、会社の事件もそうだったけれども、逆境を乗
り越えることによって人も組織も会社も成長したと思います。今後われわれ
は、逆境はむしろ人を育てる、順境は人をだめにするという考え方に立って
経営していかないといけないと思います。

　「疾風に勁草を知る」という言葉があります。疾風というのは強い風で
す。勁草というのは、風に強い草のことです。この意味は、本当に強い企業
や強い人間は、アゲインストの時にこそ本当に力を発揮するということだと
思います。逆境を喜んでいるわけにはいきませんが、逆境はしょっちゅうあ
るわけで、それを乗り越えることによって成長していこうと、前向きにとら
えた考え方がいいと思っています。

　それから、「一度最悪のことを考えて決断する」ということです。物事を
決めることは頻繁にあります。物事を決めるときにいいことばかり考えて、
もしこれを決めたらこんないいことがある、こんなバラ色のことがある、こ
んなすばらしいことができる、夢がかなえられるということばかりを考え
て、これをやろう、これをとろうと思うと、それは場合によれば最悪のこと
を招く可能性があります。だから、何かを決めるとき、何かをするときに最
悪のことを一度考えてみる。もしこれを決めてやったときには、最悪の場合

第5章　小林製薬　あったらいいなをカタチにする　125

はどういうことになるのかと一度考えて、そして最悪の場合でも再起できる、大きな問題にはならないで会社を維持できることを確認したうえで、物事を決めていかないといけないと思います。

　いままで、最悪のことを考えていたら、こんな大きなミスはしなかったのにということはたくさんあります。たとえば契約するときに、契約をしてこうなったらこんないいことがあると思って契約をしますが、隠れていた問題が発生してくることはよくある話です。必ずうまくいくとは限りませんから。でも、それがなかなか読み切れない。いいことばかりを考えてやるから失敗を起こすということですね。最悪のことを考えて、もし悪いんだったら、その決断をやめないとだめです。しかし、最悪のことばかり考えてやらなかったら、ビビリになってしまいますよね。だから、最悪のことを考えて、そしてその結果悪いことになっても十分太刀打ちできる、対応できる、対処できるという確認があって初めてゴーです。そうでないと、大きな問題を起こすと思います。最悪のことを考えておいて、その最悪のことが発生したとしましょうか。そうしたら、一度そのことを考えていますから、「ああ、こういうことになったか」という余裕があります。対応策もある程度頭のなかにあるので、余裕をもってその悪い事象に対応できると思います。これが、最悪のことを考えて決断することの大事なポイントだと思います。

　次に、「見える化」ということを説明したいと思います。先ほど、わかりやすいコンセプト、わかりやすいネーミング、わかりやすいパッケージ、わかりやすい広告ということをいいました。わかりやすいということは、見える化しているということです。よくみえるようにしている、わかるようにしているということですね。シンプルに、そしてわかりやすくすることが、見える化だと思います。そのために、たとえばグラフにする、表にする、先ほどスライドを出しましたが、何のために出しているかといえば、皆さん方に少しでも理解をしていただくために、見える化しているのです。

　わかりやすくすることは非常に大事なことです。いちばんいけないのはどんぶり勘定です。何で儲かっていて何で損しているかというのがはっきりわ

からなかったら、これはどんぶり勘定です。見える化していない、みえない
わけですよね。だから、どう判断していいかわからない。

　日本航空がＶ字回復するために京セラの稲盛さんが会長として何をされた
か。飛行機一便一便の採算を出せといわれたわけです。「福岡に飛んでる朝
の何時の便はいくら儲かってる」「何時の便はいくら損してる」ということ
を全部、それを毎日ですよ。それを稲盛さんがみられて、「これはあかんや
ないか」「何でこの儲からん路線をやるんや」とこういうことを追求して
いったのが原点です。これは何をしているかというと、見える化をしている
わけです。一便一便が儲かっているのか、損しているのかをみえるようにし
ている。いままでそれがわからなかったからみえていないんですよね。この
見える化によって一挙に業績が回復したわけです。劇的なことですよね。そ
れから、たとえば飛行機が駐機場に入って部品を交換しますが、部品一つひ
とつに値段を貼った。値段を貼ることによって、この部品は高いものか、安
いものか、これを間違うとどれだけ損するのかがわかります。そういうふう
に部品を一つひとつ見える化して、原価意識を高めたということです。

　このように見える化することはすごく効果を表すと思います。テレビによ
く出てくる池上彰さんという人がいますよね。ニュースとかいろんな解説を
しますが、あの人の話を聞いていたらすごくわかりやすくないですか。なる
ほどなあと思うでしょう。わかりにくいこともわかるように話をしてくれま
す。あれが見える化です。会社のなかも、ああいうようにわかりやすく、ク
リアにすることが非常に大事です。企業のなかをどんぶり勘定にせず、見え
る化することは非常に大事なことだと思います。

　能力のあるすごく優秀な社員が自分の能力をひけらかして、むずかしい言
葉を使って説明しようとする。それに対して私はいつもよくいうのですが、
「それは愚の骨頂だ」「自分はわかってるけれども、聞いている人はわからな
いかもしれない」「それではだめだ、あなたに能力があり、すばらしい力が
あるのなら、聞いている人のわかるレベルで話をしなさい」といつもいいま
す。そうしないと、見える化はできないと思います。

第５章　小林製薬　あったらいいなをカタチにする　127

最後になりますが、「なせば成る　なさねば成らぬ何事も　成らぬは人の
なさぬなりけり」という言葉があります。私は、あなたの好きな言葉は何で
すかと問われたら、この言葉をいうことにしています。米沢藩主の上杉鷹山
の言葉ですが、なかなか含蓄のある言葉だと思っています。大事なところ
は、「成らぬは人のなさぬなりけり」です。成らないのはやらないからだと
いうことですね。人間の力というのは非常に偉大なものがあると思います。
私はいままで何回もそういう経験をしていますけれども、潜在能力という
か、顕在化していない能力というのはすごいものがあります。人間は普通、
60％か70％しか自分の力を発揮していないと思います。本当にやろうと思っ
たら、もっともっとできると思っています。火事場のばか力というのがあり
ます。いつももてないような重たいものも非常時にはすっともてる。そのよ
うに、本当に人間はいざというときには力が出せる。すなわち、まだまだ力
は潜在化していて、顕在化していない部分があるのではないかと思っていま
す。
　会社でいつも社員にいうのですが、妥協はするなと。絶対に妥協はいかん
と。「まあいいか、ここぐらいが精いっぱいかなあ」と思うのは妥協です。
「絶対妥協はいかん、完璧を求めろ」といっています。100－1＝99、でもそ
うではないと。99でもいいではないかというのではなくて、「100－1＝0」
と考えないといけない。もし、ここで何かちょっとミスした製品を出したと
したら、それは不良品として回収になりますよね。非常に多くの方に迷惑を
かけます。このように、妥協しないのが大事なポイントだと思います。
　会社のなかで私が体験したケースです。製品を開発していてその製品にど
うしてもまだ不満な点があると私が思います。社員は「もうこれが精いっぱ
い、もうこれ以上無理です」というわけですよね。でも、「だめだ」「もう一
遍考えなさい」「あと1週間、もう一度このメンバーで集まるからもう一遍
考えて、いいアイデアを出してくれ」という。やっぱり次の週にもってきた
アイデアはすばらしいものなんですよね。どうして「自分はもうできない」
「これ以上もう無理だ」と思っていたことをやれるのか。それは、やっぱり

その人の執念、その人の潜在力です。そういうものに呼びかけ、それを開花させていると思います。デザインでも、「このデザインのなかのキャップはどうしてもよくないから変えてくれ」「こういうふうにしたらいいんじゃないのか」というと、「もう発売まで間に合いません」っていうんです。でも、「変えないと発売するな」といえば、必ず発売する日までにそのキャップを変えてくるんです。これがやっぱりやろうと思ったらできる、「なせば成る」なんです。この力は大事にしないといけない。皆さん方もすばらしい潜在力があると思いますね。

　できないだとか、だめだとか、もう限界だとかいう話をそのまま受け止めて聞いていると、いいものはできません。妥協は絶対させない。「この辺でいい、もうこの辺で限界だ」ということは絶対いわせない。先ほどいったように「100 - 1 = 0」だと思って、その1を追求することが非常に大事だと思います。

第 5 節　質疑応答

学生　上場して何が変わったのかについて、会長ご自身のご経験のなかで上場したことによるメリット、デメリットについて教えていただければと思います。また、今後、小林製薬をどのような会社にしていきたいのかということについても教えてください。

小林会長　上場のメリットですけれども、やっぱりガバナンスが利くということだと思います。上場すると公器としての責任が出てきます。たとえば取締役会がどのようなガバナンスに基づいて運営されているか、非常に気になります。これがたとえば私企業であって公開していなければ、いろんなことを要求されることはありません。公開されていると、たとえば社外取締役を二人入れないといけないとか、監査役を社外から二人入れないといけないとか、そういうルールがある。要するに、企業を社

第5章　小林製薬　あったらいいなをカタチにする　129

外からみていただいて、いかに納得していただけるようなかたちにしていくのかが大事であって、そのためには上場するということにすごく大きな意味があります。また、社員にとっても上場するということは、毎日株価が出るわけですから、そうなるとその株価によって先ほどのストックオプションのように一喜一憂できる面があるし、社員にとってもメリットだと思います。

　それから、今後の小林にはどのような夢があるのかということです。国内は、われわれの同業種では年間に数パーセントしか成長しません。どの企業もそうです。伸びているのは、主に海外です。小林の海外売上構成比は約12％ですが、今後は国際戦略がいちばん大事だろうと思います。でも、国際戦略に打って出ようと思えば弾がいるわけで、弾は日本でこしらえて日本のマーケットで一度テストをして、それを海外にもっていくことになります。そういう面からすると日本の開発活動はずっと続けないといけないと思います。

　それと、小林が今後国内でどういう分野に進出していくか、あるいは伸長していくかということです。一つは、漢方薬を中心にやりたいなと思います。漢方薬は中国との関係があるので、今度中国の合肥（安徽省）というところに漢方の生薬工場をつくります。それとの関連で将来は漢方薬を中心とした流れが一つある。

　あとは、オーラルケア、あるいはスキンケアというような分野を伸ばしたいと思います。芳香消臭剤では小林はトップメーカーですので、ここは安定的に維持していこうと思います。

学生　会計方針についての質問です。医薬品メーカーや製薬企業というのはIFRS（国際財務報告基準）を適用する企業が非常に多いと思うのですが、小林製薬がまだIFRSを適用していない理由は。また、今後適用するとしたらどのようなインセンティブに基づいて適用するのか、お伺いしたいです。

小林会長　IFRSについては、まだ全体の世の中の流れがそう決まっている
わけではないし、規制としてそうしなければならないというわけではな
いので、現在はやっていません。だから、近い将来IFRSに方向を切る
可能性はあると思いますが、ここでは明確に申し上げることはできませ
ん。

　あと、M&Aとか研究開発です。M&Aはやっぱりこれから小林を伸
ばしていくうえで、新製品開発と並ぶぐらい大事なものだと思います。
そこで、国内や海外のメーカーの買収を考えています。

　研究開発は、ほかの会社とそう変わりませんが、先ほどいいましたよ
うに小林の中心となっているのは開発活動です。やっぱり研究開発に人
材を投入することが小林にとってはいちばん大事なので、優先的にそこ
に人を配属していきたいと思っています。

学生　漢方薬についてお聞きしたいのですが、現在欧米でも需要が伸びてい
て、生薬の価格が上昇傾向にあると思います。小林製薬さんは自社で生
産する体制を築こうとされていると思いますが、市場の規模の拡大の
ペースについていけると思われますか。

小林会長　漢方はまだまだ伸びるとわれわれは思っていて、特にOTC（一般
用医薬品）としての漢方は今後相当伸ばしていけると思っています。問
題はほとんどの原材料が中国で生産されているということですね。なぜ
小林が中国に工場をもつかというと、漢方薬の調達を日本でやっていた
のではなかなかうまくいかないから、中国で漢方薬を調達してそこでエ
キス化して、エキス化したものを日本にもってくる。あるいは、中国で
錠剤にして日本にもってくる。そのために漢方生薬をつくる合肥のエキ
ス工場が必要だと考えています。もう一つは、中国以外、あるいは日本
で生薬の原料を栽培する研究を進めています。これには時間がかかりま
すが、すべて中国の生薬に頼っているわけにはいかないと思うんです
ね。この二つの流れのなかで、安定的に生薬の原料、生薬そのものを供

第5章　小林製薬　あったらいいなをカタチにする　131

給できる体制を考えていると理解してもらえればいいと思います。

学生 経営の継承についてお伺いしたいと思います。御社のバトンタッチはとてもスムーズだったと伺った記憶がありますが、バトンタッチされる前にどういう点を注意されたのか、バトンタッチ後の2年間にどういうことがあったのかをお伺いしたいです。

小林会長 私が社長になった時は38歳でした。その当時の小林製薬の規模といまの状態とでは大分違いましたので、参考にはできませんでした。まず私から直接息子にバトンを渡すというケースもありえたのですが、その場合、私が73とか74歳まで長く社長をしなければいけないということだったので、当時副社長だった弟に社長を9年間やってもらって、その後息子にバトンタッチをするという流れを組んだんですね。それがいいか、悪いか、これはいろんなケースがありえるのでわかりません。私はアメリカの合弁会社の経験もあるのでアメリカの状況をみていると、経営者というのは皆若い。40代とか50代です。60代の経営者って非常に少ない。私はまだ力はあると思っていましたけれども、そういうことを考えて64歳で引きました。早いうちに引いて弟にバトンを渡し、その後息子にバトンを渡すという流れのなかで、一応スムーズに継承ができたのではないかなあと思っています。後は、どれだけ新社長が力を発揮するか、それはこれからにかかっていると思います。それは私やいまの副会長の力ではなくて、いま彼を支えている経営陣が今後どのように彼を支えていくかにかかってくると思います。そういうことでご理解ください。

学生 先ほどの話と若干重なるのですが、権威主義を打破するために「さん」づけで呼ばれているというお話があるなかで、一方で同族経営を長年続けていらっしゃる。同族経営のメリットをお話しいただければと思います。

小林会長　同族経営というのは、いい面も悪い面も両方あると思います。同族経営が悪いわけではないし、同族経営がいいわけでもないと思います。同族経営のよさというのは、やっぱり物事を長期的にみられるということにあると思うんですね。同族経営ではなくて社長が3年とか5年の間にかわっていくという場合には、なかなか長期的な視点でものをみにくいことがあると思います。そういうことで、同族経営のよさをうまく生かさないといけないと思います。

　それから、社長自身が大株主であるということは、自分がやらなければいけないという強い執念とか信念みたいなものがすごくありますね。だから、そういうものが熱意として社員に伝わって、そして社員が動くということは、同族経営のいいところだと思います。

　逆に悪いところを考えれば、「いくら頑張っても俺は社長になれないのか」という、そういう社員の気持ちはあるでしょうね。それから、たとえば同族だから何か無理を通していると、同族だからできないことまで無理やりに押し進めやすい体制なんだということになります。さっきガバナンスの話をしたように、たとえば執行役員会だとか取締役会で経営をチェックしていくシステムを残しておかないといけないと思います。私は同族経営そのものは悪いとは思っていません。小林がここまで発展してきたのは、やっぱり同族経営のよさをうまく引き出してきたからだと思います。

学生　先ほど、M&Aを今後は海外中心にやっていくとおっしゃっていましたが、それは海外の会社を買収して自社の製品をチャネルに投入していくのか、それとも新商品開発のノウハウを生かして、商品を伸ばしていくのか、買収の目的と今後についてお話しいただけたらと思います。

小林会長　M&Aの目的は、そこの製造拠点を生かす、そしてそこのルートで販売するなどが中心です。小林が海外で売りたいと思っても、製造ができない、販売もむずかしいと、いろんな問題が出てきます。そういう

第5章　小林製薬　あったらいいなをカタチにする　133

ことをスムーズに動かせるために買収するということがメインでしょうか。

　たとえばアメリカで一つのブランド、または会社を買うと、そのブランドがたとえばウォルマートに入っている、ウォルグリーンに入っているとするならば、その入っているブランドの傘のなかでいろんな製品を開発したりすることができます。要するに小林のマーケティング力、開発力でもって、現在あるブランドを拡大するということも一つにはあるかもわかりませんね。向こうにあるブランドを日本にもってくるというのはほとんどないと思いますが、向こうのブランドを小林の力で生かすということはあると思います。そういうふうに考えてください。

第 6 章

MonotaRO
起業家の楽しみ

株式会社MonotaRO 取締役会長　瀬戸　欣哉

（講義日：2015年 6 月25日）

おはようございます。瀬戸欣哉です。ご紹介いただいたとおり、MonotaROという会社を始めた人間です。今日、学生の皆さんは、一応授業ということでおそらく何かを学びにきたんだろうと思っています。そういう意味で、皆さんに何か伝えることができれば、今日の講義は成功なんだと思っています。

最初の大事なレッスンは、「だれも聞いてくれない」ということです。だいたい100人、200人の前で1時間くらい話をしても、結局どんな話だったか、まともに答えられる人ってあんまりいないんです。みんな、途中で聞く気をなくしたりとか、あんまり覚えていなかったりとか、どこかでリタイアしたりとか。

そこで、だれも聞いてくれないとすれば、基本的には対策は二つあります。一つ目は、どうしても伝えたい大事なことは最初に話す。二つ目は、できるだけシンプルに話すということです。

どうしても伝えたいことは一つだけです。「私がつくったMonotaROはいい会社です」ということです。シンプルに伝えることはなかなかむずかしいのですが、できるだけシンプルに話をしていきたいと思っています。

第 1 節　MonotaROの概要

MonotaROは、いまから15年前につくりました。当時私は、住友商事の社員でした。アマゾンのジェフ・ベゾスがインターネットで本屋をつくるのをみて、自分も何かインターネットでできるんじゃないかと思って考えたのがきっかけです。インターネットで商品を売れば、無限の商品ラインアップが実現できる。たくさんのお客さんに低いコストでものを伝えることができる、そう考えて、このビジネスを始めました。

どんなものを売っているか、イメージがなかなか湧かないと思いますが、要は工場とか、それから工事現場とか自動車整備工場とかガソリンスタンド

とかそういったところで使っている道具すべてを売るという発想です。主な競合先は零細な工具商です。一見地味なビジネスですけれども、市場規模がだいたい5兆円はあります。今年の売上げがだいたい550億円なので、それでもまだ1％しかシェアがない。だから、いくらでも伸びることができるだろうと。それともう一つは、私のバックグラウンドが商社だったので、インダストリアルのビジネスに強いということがあって、これは成功するんじゃないかと思って始めました。

取扱商品点数は、いまでは900万点で、おそらくビジネスtoビジネス（B to B）では日本最大——もしかしたら世界最大——かもしれません。

売上げは、2009年、リーマンショックの後に伸びが少し落ちましたけれども、顧客数の増加とともに毎年コンスタントに増加しています。利益面でも実質的に事業を開始して3年目の2004年からは黒字に転換しています。

私は、自分がやっている仕事は、基本的には価値を創造することだと思っています。この会社は創業当初1億2,000万円の投資で始まっています。昨日時点での時価総額が3,500億円を超えているので、価値の創造という観点からすると、15年間で3,500倍にバリューを増やしたといえます。おそらくコンスタントにバリューを増やし続けているという観点において、日本でも15年間でこういった会社はないと思います。ちなみに、リーマンショック以降だけでみると、株価の上昇率は日本でナンバーワンです。結構地味な会社なのでみんな知らないかと思いますけれども、おそらくこういったコンスタントなバリューの実現というのは、極端なネットバブルとかを除くとなかなかないんじゃないかと自信をもっています。

第2節 MonotaROのビジネスモデル ——五つのポイント

MonotaROが、では何で成功してきたかというと、基本的には五つのことをやってきたからです（図表6－1）。

図表6-1　MonotaROが提供する価値

✓ **一物一価主義**

> 従来の販売方法：顧客ごとに違う、不透明な価格

・一物一価の価格戦略により、少額購買に浪費される顧客の手間（人件費）を削減

✓ **データベースマーケティング**

> 従来の販売方法：営業マンの知見に頼ったセールス

・膨大なデータを活用した先進的なデータベースマーケティングで営業マンを代替

✓ **豊富な品ぞろえ**

> 従来の販売方法：品ぞろえが限定的、選択肢が少ない

・900万点超の膨大な品ぞろえが多様な150万超の顧客の需要に対応
・30万点超の商品を注文当日出荷し顧客の利便性を向上

✓ **価値あるプライベートブランド商品**

> 従来の販売方法：価格の高いトップブランドが中心

・規模を活かし海外から安価に調達
・ニーズに応じた最適な商品の選択肢を提供

✓ **標準化とITを基礎とした低コストオペレーション**

> 従来の販売方法：労働集約的、商圏が小さい

・ネット販売により顧客ごと、商品ごとに分散する需要を全国規模で効率よくカバー
・内製による低コストかつ機動的なシステム開発、規模を活かした効率的なオペレーション

　一つは、一物一価主義です。ちょっと説明しますと、世の中にはBtoBの
ビジネスとBtoCのビジネスがあります。BtoBは事業者向け、BtoCは消
費者向けです。消費者向けの商品というのは、基本的にみんな同じ値段で
売っています。ですから、ペットボトルの水が200円といったらみんな高い
と思う、50円といったらみんな安いと思うように、だいたいの人は値段の感
覚をもっています。ところが、BtoBのビジネスでは、すべての人がといっ
ていいほど、みんな違う値段で買っています。売り手も買い手も決まった値
段を、だれにも、どこにも公表していません。結果として、大きい会社、た
とえばトヨタとか新日鉄のような会社はいろんなところを競争させて安く買

うことができる。だけど、何とか鉄工所とか小さい会社、従業員5人以下というような会社では、売り手の好きな値段で買わされる。場合によっては10倍、100倍といった値段になることもあります。これが水だったら買わずに我慢できるかもしれないし、代用品も見つかるかもしれないけれども、特定の商品、商売に使う特定のベアリングであったりとか、特定の刃物であったりしたら、自分の商売を続けるためには高くても買わざるをえない。逆にいうと、その商品が5円であるか50円であるかよりも、その商品を買うのに5分かかるのか、1時間かかるのかのほうが重要なんです。そういった商品では、一物多価が普通です。

　これに対してわれわれはインターネットで、一物一価ですべての値段を、全員に公開するという方法をとりました。もちろんそうすることで、いままで高く売ってきた人の反発は非常に大きかったです。しかしながら、ユーザーにしてみると、インターネットをみればすぐ値段がわかる、すぐ買える──これはものすごく大きなメリットだったわけですね。これはおそらくコロンブスの卵みたいなもので、商売としては最初に広がりをもったところです。

　また、一物一価にすることで、われわれは価格に関する顧客ごとのデータベースをもつ必要がなくなり、コストを極端に下げることができました。

　しかし、これだけのアイデアでしたら、だれでも次の人がやろうとしたらまねできます。次に重要なことは、ほかの人がまねできないようにすることです。そこで重要な概念がデータベースマーケティングです。毎日毎日顧客から入ってくる2万件、3万件といった注文をみて、お客さんのことを理解して、注文のパターンを理解して、どんな商品が売れるかを理解して、だれにどんなものが売れるかを理解して、そういったデータベースをだんだん集めていくことで、毎日毎日少しずつほかの人よりも競争力をもつ──これが二つ目の重要な柱だったんです。一物一価＋データベースマーケティング、この二つの重要な柱が出発点でした。

　三つ目に重要な点は、豊富な品ぞろえ（商品ラインアップ）です。売上規

第6章　MonotaRO　起業家の楽しみ　139

模の拡大とともに、いまでは900万点の商品ラインアップをもち、25万点以上の商品を在庫して当日中に出荷できるだけのサプライチェーンをそろえました。いま日本でわれわれの次に多く在庫している会社でも20万点程度です。われわれのこの在庫の商品点数は毎月何千点というかたちで増えていっていますので、これも圧倒的な強さになっています。先ほどの話にありますように、結局お客さんが求めているのは5円、50円の差ではなくて、すぐ買えるか、買えないかなので、MonotaROに行ったらほしいものがあるというのは大きな競争力の差につながるわけです。

　四つ目は、価値あるプライベートブランド商品の取扱いです。われわれは最初の頃、業界では非常に嫌われました。いままで高く売っていた商品を安く売るわけですから、当然競争相手からいろんな妨害や嫌がらせも受けましたし、正直にいってかなり悪辣なおどしも受けました。したがって、最初の頃はお客さんにお得な商品を出そうと思ったら、どうしても世界中から商品を探してくることが必要でした。いまでも世界中のマーケットに行って、どこに行ったらものが安いか、どこから買ったら安いかいつも調べています。いまいくら世界が狭くなったといっても、まだまだそういった機会はあります。そういった商品を日本にもってくることで利益を得てきました。これは、ほかの流通の業者が当時していなかったことなので、非常に大きなメリットを生み出しました。

　そして最後は、標準化とITを基礎とした低コストオペレーションです。最後の最後にはどのようなビジネスモデルでも陳腐化します。陳腐化する前に競争に打ち勝つためには、少なくともだれよりも安くオペレーションをする必要があります。そのためにわれわれが考えたことは、できるだけ自分たちの仕事をシンプルに保ち、複雑なビジネスロジックは持ち込まないことです。そして、そのシンプルにしたものをさらにプログラムでコード化してITに置きかえる。そうすると、いままでそれぞれの営業の人がやっていたような複雑な仕事が、パートタイムの社員でもできるようになるわけです。こうすることで、われわれはコストを下げてきました。

一つの例ですけれども、この業界で、世界でいちばん大きい会社はグレンジャーという会社です。私は、そのグレンジャーのシニア・バイス・プレジデントでもあるのですが、グレンジャーはだいたい１兆2,000億円ぐらい売っていますから相当規模の経済が動いているはずです。この会社でも売上高対比の経費率が30％ぐらいあります。MonotaROは、今年で550億円ぐらいの売上高ですけれども、経費率は先月で17.5％ぐらいです。多分規模の経済で15％ぐらいまでは簡単に下げられると思っています。つまり、業界最大の会社の半分の経費率でできるのです。逆にいえば、最後の最後安売りの勝負になったら、こちらは粗利率を30％まで下げれば、ほかのところはもう利益が出ないレベルになるわけですね。これがもう一つの方針でした。

　以上が、私にとっていちばん大事な、「MonotaROってすごくいい会社ですよ」ということを説明するところです。ここから先は、皆さんの参考になればと思ってお話ししようとしている部分です。ここからは、私の経験を通じて起業ということについて触れてみたいと思います。

第3節　MonotaROができるまで──住友商事時代

　私は最初に住友商事という会社に入りました。そこでいろんな仕事をして、このMonotaROという会社を2000年につくり、それから2012年に社長から会長になった段階で、最大規模のMRO（maintenance, repair and operation）の会社であるグレンジャーのアジアパシフィックの代表になりました。といっても、グレンジャー社はMonotaROにとって最大の株主なので、兼任というかたちでMonotaROの会長をしながらグレンジャー・アジアパシフィック、具体的には中国とインドと日本を担当しています。また、昨年からシニア・バイス・プレジデントとしてイギリスで仕事をしています。

　1983年に住友商事に入りましたが、住友商事に入った理由はよく聞かれます。当時でもやっぱりナンバーワンは三菱商事だったのですが、その時考え

第6章　MonotaRO　起業家の楽しみ　141

たのは、住友商事にいたほうがバッターボックスに入れるチャンスが多いんじゃないかということです。これは結構重要なことだと思います。皆さんもこれから就職の選択肢でいろいろ悩まれると思いますが、優秀な人がたくさんいる会社に入ると、競争を強いられます。競争はいいこともあるけれども、エリート同士の極端な競争というのは、実は組織にとっては不健全になることが多いんです。要は、優秀な人間は自分のライバルに勝とうと思ったら、自分がよくなるだけじゃなくて、相手が悪くなることを願うようになります。けんかで勝つチャンスというのは、自分が強くなることよりも弱い相手を探すことのほうが簡単ですよね。したがって、エリートばかりが集まる組織というのは、働いていてあんまり楽しくないのです。住友商事もいい会社なので、それなりにエリートが多いですけれども、三菱商事に勝つという目的のために組織の利益を優先しているように思えたので、住友商事を選びました。正しかったかどうかわからないですが、住友商事に行ったということで自然とバッターボックスに立てたことはよかったと思っています。

　住友商事で最初にやったのが、特殊鋼という、自動車とかタイヤとか、それからねじとかに使われるような鉄を輸出する仕事です。この時にわかったこと、最初に学んだことは、価値の創造と差別化です。さっきの話にもつながりますが、基本的にはなんらかの価値をつくらないとだれもお金を払ってくれない。だけど、なんらかの価値をほかの人も提供できると、結局は儲からなくなってくるんですね。私らが売っているものは三井物産も三菱商事も売っていたんで、基本的には儲からない。儲けるためには商売をブラックボックスにしなくてはいけない。だけど、ブラックボックスにする商売というのは、いまの情報化の世界ではだんだんむずかしくなってくる。このビジネスをこういったかたちで続けていくことには困難さがあるというのが、まずわかりました。

　もう一つ、組織にはエージェンシー・プロブレムがついて回ることを学びました。組織は目的をもっているんだけれども、個々の組織の構成員には、その組織の目的に沿った行動をしなくなるモチベーションが与えられること

をエージェンシー・プロブレムといいます。さっきのエリートの話がそうですね。自分の出世のためには会社が儲からないほうがいいときもあります。たとえば自分がある部門を率いていて、自分が社長の候補で、もう一人も社長の候補だとします。自分の部門が儲かるのはもちろんだけれど、相手の部門が儲からないほうが自分にとってチャンスがある。そうすると、相手の部門にとって儲からないことをしようと思う。こういうのが一つのエージェンシー・プロブレムですね。

　会社というのは、どういうふうに上手に設定してもこの問題が起こり、結果としてエージェンシーコストが発生してしまうのです。この問題を解決できるのは経営者だけです。自分が正しい価値をつくって、それが持続的にできるような仕組みをつくって、なおかつ組織としてエージェンシー・プロブレムを起こさずにコストを低くして働く、それができるのは経営者しかないなと思いました。だから、経営者になりたいと思ったのです。いつまでも大きな企業の社員でいてはいけない。そのために第一歩としてMBAを考えました。

第 4 節　MBAで学んだ三つのこと

　MBAの留学は1994年、34歳でしたから結構年がいってからの留学になりました。いろんなことがありましたが、一つ目に学んだことは、起業の価値です。いまお話ししたとおり、もともと起業に興味があったわけですけれども、アメリカでは、会社をつくる、ゼロから1をつくるということは、1,000から2,000をつくったりとか、1,000から1万をつくったりするよりもすばらしいことだというのがみんなの共通した認識だったのです。たしかにそうです。ゼロから1はものすごくむずかしいです。いったんできたものを大きくするのは、ある程度一生懸命やれば何とかなります。ゼロから1は一生懸命だけではなくて、運だったりとか、それからひらめきだったりとか、アイデ

アだったりとかいろんなものが要求されます。ですから、アメリカではゼロから1をつくった人はものすごく尊敬されます。そういう意味では、日本は非常に残念なところですね。

　二つ目が経営者の責任です。MBAの授業のなかで一つだけどうしても忘れられない授業があって、それはリストラの授業でした。ケーススタディで、イギリスのチョコレート工場をスイスのチョコレートの会社が買うという案件がありました。スイスのチョコレートの会社が買った結果、イギリスの主力工場を閉鎖するかどうかという課題があったんですね。経済的には全部読めばすごく答えは簡単です。スイスの工場のほうがコストも安いし、品質もいいし、それからお客さんも別にイギリスのチョコレートにこだわっていない。イギリスの工場の閉鎖は非常にリーズナブルで、合理的な判断です。ですから、何でこんなのがケースになるんだというぐらい議論はものすごく簡単で、90分の授業が、30分ぐらいたったところでほとんど意見が出てこなくなった。そうしたら突然、教室の後ろのドアから人が走ってきたんですね。ぱーっと走ってきて、それでそこにいた先生を押しのけて、「おまえら、俺の生活どうだと思ってるんだ」と言い出したんです。その人は、後からわかったのですが、役者さんでした。でも、もうみんなびっくりです。イギリスの工場で働いている人だという設定で来たわけです。「おまえらは経済原理だとか株主の利益だとかいうけど、俺の生活はどうだと思ってるんだ」と、発言したやつを一人ひとり指さしたんです。「おまえ、さっきいってたろう、株主の利益が最高だって。おまえ、俺の立場になったことがあるか。俺には生まれたばかりの赤ん坊がいるんだぞ。おまえ、俺に何かいえるか」って。結構感動的な授業でした。まったくわからなかったんです。もちろん工場の従業員が来るなんていうことはありえないというのは頭ではわかっているかもしれないが、その時はだれもわからなかった。最初の少なくとも15分ぐらいは、みんなてっきりそうだと思っていました。結局、それが終わった後、もう1回同じ話をしました。でも、結論は変わらないんですよ。やっぱりその工場は閉鎖するしかないという結論は。最終的には、生き

144

残っていくためにはそうするべきだし、そういった機会を与えるべきだと。実際に私もリストラの経験がありますが、しなくてはいけないときがあります。ゾンビの会社をつくっても仕方がないので、どこかで生き返るチャンスを与えなくてはいけない。でも、そこで生きている一人ひとりにとっては、それは全然違う問題です。それを理解してリストラをするのか、理解せずにやめさせるのかは全然違うんだということを、その時初めて——初めてといっていいぐらい学んだ気がしました。頭のなかでは、そういう雇用の責任とか、人それぞれの気持ちとかを思っていても、実際にその時初めて向き合ったので、それは本当にMBAへ行ってよかったなという経験でした。

　三つ目は、敬意を得ることの大切さです。要は、ビジネススクールのような世界ではリスペクトを得ないと、発言権さえありません。すぐ、ほかの人がかぶせてくるんです。「あいつ、いってることいいなあ」と思うと、みんなちゃんと聞くんです。これは、アメリカの企業に行って働いた時にもわかりました。私の英語は必ずしも発音もよくないし、時々単語も間違えますが、みんな私のいうことを聞くというのは、私が仕事で成功したというトラックレコードがあって尊敬されているからです。ところが、尊敬されていない人間にはどんどんかぶせてくるんです。敬意を得るというのは、もちろん俺のことを尊敬してくれといって敬意が得られるわけではないんで、当然実績が必要なわけです。でも、実績以外にもう一つできることがあって、ほかの全員に対して敬意を払っていると、敬意を得やすくなります。基本的に、敬意を得るためには敬意を示さないといけない。

　敬意を得るというのは人間が生きていくうえでは非常に大切なプロセスです。敬意を得ようとすれば、成功するのが一つの近道なんだなと。覚えておいてください。

第 5 節	MBAから戻って ──アイアンダイナミクスプロセス社での経験

　この後、私は住友商事のお金でアイアンダイナミクスプロセスインターナショナルという会社をつくります。アジアの新興国で行う電炉事業の一種で、いまでは神戸製鋼とかが売っているプロセスです。アイデアとしては非常によかったと思うのですが、始めてちょうどうまくいきだしたところでアジア通貨危機が起こって、市場が非常に小さくなって、結果的にそれがきっかけでMonotaROをつくることになりました。

　非常にアイデアもよかったし、メンバーもよかったし、タイミング的にもよかったのですが、反省点があります。一つは、「パートナーシップというのは本当にむずかしい」ということです。この時は、三菱重工、それからスティールダイナミクスというアメリカの鉄鋼会社、それからエルケムというノルウェーの会社とか、いろんな会社を巻き込んでやりました。そういうのが商社の機能だといわれたんですけど、たくさんの人を入れるととにかくスピードが遅くなります。パートナーシップでやるには経営責任の所在もむずかしいですし、それと先ほど話したエージェンシー・プロブレムがまた起こるんですね。自分たちの母体の親会社にどんな利益をもたらそうかという発想が、明らかにすべての判断を遅らせてしまいます。結局タイミングを逃したのだと私はいまでも思っています。会社をつくるのだったら、みんながその会社をよくしようという気持ちの会社をつくらないとだめだというのが、いちばん学んだことでした。

　この時もう一つ思ったのが、「プロジェクトには運がある」ということです。いろんな起業家と、日本でもアメリカでも欧州でも話すことがあるんですが、起業するにおいていちばん大切なことは何だというと、結構多くの人が運だといいます。たしかにいろんな事例をみていると、これは運が悪かったなとか、この人は結局運がよかっただけじゃないかという話はいっぱいあります。だけど実際には、運にもマネジメントできる部分があると思いま

す。

　たとえば、まず運をマネジメントするうえで重要なことは、常に準備しておくことです。運というのはだれにも訪れるが、つかめるか、つかめないかというのは準備だと思います。二つ目は、汚いことをしないことです。汚いことをしないと思っていると自分に自信がもてるし、周りも助けてくれます。それから、プロジェクトをやっていると、必ずいい時も悪い時もありますから、悪い時には自信というのが必要になってきます。その時に汚いことをしているとか、周りが助けてくれないという状態だとうまくいきません。特に大切なのは家族と友人ですね。

　皆さんはまだ家族というよりは友人かもしれないですが、社会に出て10年、20年たつと、正直いってそんなに友人は頼りにならないです。みんなバックグラウンドも違ってくるので。だけど、家族に、簡単な話ですけど、「やっぱあんた、すごいね」とかいってもらえるだけで結構持ち上がっていくもんなんですね。どこかで持ち上げる材料がないと苦しいものです。だれか、持ち上げてくれる人をそばに置くというのはすごく大切です。そういう意味では、企業経営者が北新地とか銀座に行ってほめてもらうのには理由がないわけではなく、「瀬戸さん、すごい」とか「やっぱり社長じゃないとできない」とかいわれると、明日から頑張るかって気持ちに少しなれるんですね。もちろん起業した時にそんなことにお金を使う余裕はないでしょうから、家族というのは大切だと思います。やはり妻が「やれると思うよ」「あんた、ここまで頑張ったんだし」っていってくれるのは、ものすごく大きな、自分にとっての自信の根源でした。

第 6 節　起業──「ルールを破る」

　いざ起業となった時に、私がいつも思っていたのは、「ルールを破る」ことです（図表6-2）。ビジネスとスポーツでいちばん何が違うかというと、

図表6-2　いざ、起業！

ここです。スポーツには明示的なルールがあります。ところが、ビジネスにはあんまり明示的なルールはない。スポーツはすごく細かくルールが決まっていて、そのルールどおりにやらなくてはいけないわけです。

　よく例にあげるんですけど、たとえば私がサッカーのチームに入ってプロになろうとしても、ルールに従っていればまったくチャンスはない。でも、手を使っていいんだったらゴールを決めることができますね。ビジネスというのは、実はそういう世界なんです。ビジネスは、なんらかの理由で既存のプレーヤーが自分たちのルールをつくっているんです。自分たちがやりやすいように、自分たちが勝ちやすいように。そのルールというのは、ルールができた時には合理的だったかもしれないけれども、20年、30年たつと意外と合理的ではなくなっている。そのルールを破ることができれば、起業のチャンスがあります。そうでないとなぜ起業のチャンスはないかというと、既存のプレーヤーはすでにそのゲームのなかでの戦い方を知っているし、それに

特化しているからです。素人が勝てるものではない。素人が勝とうと思ったらルールを変える、ルールを破るポイントを見つけることです。業界の人にだけ有利にできているルールであったりとか、インターネットのような新しい技術がもたらされたりとか、法律が変わったりとか、それからほかの国との為替の関係が変わったりとか、いろんな変化がある。その変化のなかで、いままで守られていたルールを破ることでビジネスチャンスが生まれます。

　私の場合は、さっきいったようにインターネットがあります。技術としてのインターネットで可能になった。もう一つは、値段を1個でみせます。すべての商品をみせます。ほかの人と相談しないで、自分たちが安いと思った値を出す。

　でも、このルール破りだけなら、同じようにルールを破るやつは当然現れるので勝てません。勝ち続けるために次に必要なことは、勝ち続ける仕組みをつくることです。さっきいったのが、データベースをきちんともって、それでお客さんに対するレコメンデーションをちゃんとできるようにして、たくさんの商品をそろえるようにしてということです。そこからが不断の努力です。だから、自分たちが成功してルールを破ることができたら、今度はその破ったルールで新しいルールができるわけです。その新しいルールに熟達して、その新しいルールのなかで勝ち続けることを考えなければいけない。端的にいえば、コンセプトとしては、一物一価とデータベースマーケティングがスターティングポイントです。一物一価というのがルール破りの部分、データベースマーケティングというのが、この勝ち続ける仕組みになったわけです。

　ただ、実際に始めるとなると大変です。私は最初に30億円かかると思ったのですが、30億円集めるのにだいたい2年かかりました。数はもう覚えていませんが、おそらくベンチャーキャピタルだけで50社以上回ったと思います。行くたびに、「おもしろいねえ」「でもお金は出せないなあ」の繰り返しでした。これには、あんまりアドバイスはありません。どれだけ説得力をもった話ができるかです。ただ一つだけいえることは、これはリーダーにな

る人には確実にいえることですが、いちばんつらいことは、同じ話を繰り返し繰り返し、だれに対してもぶれずに話すことです。

　これは結構むずかしいですよ。皆さんも経験があると思いますが、何かおもしろいことがあって自分のガールフレンドに話そうと思い、絶対受けると思って、その前に友達何人かに話して、その後ガールフレンドに話すと意外に受けなかったりします。何で受けないかというと、前に話しているうちに、だんだんはしょってしまう。自分でストーリーを変えてしまう。同じ話をするのはなかなかつらいので、みんなちょっとずつ変えるのです。相手の顔をみてやっぱりストーリーを変えるのですね。

　投資家に対してそれをやると、投資家同士で話していますから、必ず信用を失います。だから、どんなにつらくても、こういったら相手は気に入るだろうなあとわかっても、それにあわせないことです。この同じ話を、会社をつくったら今度は従業員にしないといけないし、仕入先に、お客さんに、それから上場したら今度は投資家にもしないといけないんです。絶対、話は変えてはいけない。自分が信じているロジックに関して変えない、裏切らない。変えないといけないんだったら、みんなに対して訂正することです。当然ながら、ビジネスをやっていけばいろんなことが変わってきます。その時は、関係者全員に対してこう変わったとはっきりいうことです。

　実は、上場するとつらい時があります。予期せぬことで儲からなくなって、最初に発表した業績の見込みよりも悪いことになる。そうすると、その説明をする時、投資家の人たちに優しい人がいて、「こういう理由でしょう」「ああいう理由でしょう」って助け船を出してくれることがあります。「瀬戸さんの責任じゃないですよね、こういうことがあったからですね」って。でも、実際そうじゃないことのほうが多くて、自分の責任だってわかっているんです。そういう時に、やっぱり自分の責任だって認めることはすごく大切です。話は変えない、うそをつかないというのは大切です。そうしてみんな、だんだん信用してくれるようになります。これはメンバー集めやチームづくりでもそうです。

さっきエージェンシー・プロブレムの話をしましたが、どんなチームをつくっても基本的には自分一人でやっているときよりは効率は落ちます。当然人とコミュニケーションをしている段階でずれていくわけです。ですから、もう一つチームづくりで大切なことは、常に同じ話をシンプルにして、シンプルなメッセージを伝えるようにする努力と、もう一つ、横串を大切にすることですね。

　組織というのは、たとえば機能別にマーケティング、ファイナンスという分け方をすることもできるし、それから地域で分けて北海道、東北とかと分けることができます。そうすると、分けた組織のなかではコミュニケーションはよくなりますけれど、横の連携が悪くなります。その横串をどうやって通すか。私は、社員を雇うとき必ず一つだけお願いしています。その一つとは、会社に入ったらほかの人を尊敬してください、ほかの人に敬意を払ってくださいということです。お互いに敬意を払うようになるためには、相手を知らないといけない。敬意を払うという行為は相手を知らずにすることはできません。ですから、皆さん、相手を知る努力をします。そうすると横串がだんだん通ってくるようになります。

第7節　MonotaROの挑戦

　こうしてつくった会社ですが、最初はものすごく苦戦しました。特に仕入先が、さっきいったようになかなかいうことを聞いてくれなかったりとか、人を動かすのにも苦労しました。

　いくつかターニングポイントがありました。こういう業界の商売でいちばんむずかしいのは、最初の商品ラインをつくることです。ある程度商品ラインがなかったら、在庫しているものがなかったら、お客さんが買ってくれない。でも、ちゃんと買ってくれるものを逆に商品ラインとして置かないといけないという、卵か鶏かみたいな話になります。最初の商品ラインに失敗し

第6章　MonotaRO　起業家の楽しみ　151

たケースが、この後話すグレンジャーの中国ですけれども、最初からアメリカと同じプロダクトラインをもってきたら、全部過剰在庫になってしまった。MonotaROの場合、私はまず自分の知っている業界に絞って、金属加工業界の商品をとことんそろえました。そこから後は、その金属加工業界の買うものから、ほかの業界の買うものに広げていく。こういうのをビーチヘッド・ストラテジーといいます。1個ずつ橋頭堡を建てていくのです。

SEM（検索エンジンマーケティング）／SEO（検索エンジン最適化）なんていまでは当たり前ですけど、2003年の時は初めてでした。アマゾンのレコメンデーションエンジンが有名ですけど、レコメンデーションの仕組みは自分たちでつくりました。レコメンデーションは、最初のうちは非常に単純なロジックでしたけれども、データバンキングもテクニックが向上してきたので、大変な時間が必要だった昔と違って、いまでは1日に数個のデータモデルをソフトでつくれるような仕組みに変わってきています。

そして、2006年に上場して、2012年に社長をかわってもらいました。これも重要な決断だったと思います。組織の社長をいつまでもやっていると、だんだんと周りの人間が「全部瀬戸さんに聞こう、瀬戸さんに任せよう」ってなるわけです。それを変えていかないといけない。2012年からいまの鈴木さんにかわってもらった。非常にいい社長だと思います。かわってもらった時思ったのは、鈴木さんは2012年の時点では多分私より下だろうけれども、そこから毎年毎日よくなっていく。社長になってもらったら毎日よくなってくれる。だけど私はもう、ここからは多分毎日悪くなっていくだろう。それは会社にとってもよくないし、自分にとってもよくないし、社会の価値創造という点でもよくない。だから、社長をかわってもらい、会長になりました。

それで、会長だと暇なのでほかのこともやろうというので、2011年にMonotaROと同じビジネスモデルで、Zoroという事業をアメリカで立ち上げました。これはグレンジャーのお金で始めました。このビジネスは2011年に始めて、2012年に実際の事業が始まって、今年（2015年）は300億円の売上げになります。MonotaROよりもずっと早い成長ができています。私として

は２回目の大きな成功だと思っています。

　それから、2012年にグレンジャーに頼まれて、アジアパシフィックで中国とインドの事業を担当しましたが、これにはそれぞれ月１億円以上失うような大きな赤字だった事業を立て直してくれという背景があったんです。大変なリストラもしました。インドに至っては、従業員の８割を解雇しました。そんな自慢できるような話ではないけれども、経営者はやらないといけないことに直面したら、やらないといけない。ただ、その時に思ったのは、うまくいっていない会社をもとに戻して儲けるようにするのは、起業と同じだということです。ビジネスモデルを一からつくり、外的コンテクストは何か、内的コンテクストは何か、いまの競合環境のなかでほかの人と違うルールが持ち込めるのか、ほかの人と違う価値が、持続できる違う価値が求められるかという意味では、一緒だと思いました。おかげさまで中国も儲かるようになりまして、インドもブレークイーブンに近いところになりました。その後、2013年には韓国、シンガポールに、これはMonotaROとして進出しました。2014年には、イギリスに行ってまずドイツを立ち上げました。それからカナダへ、今年（2015年）は欧州のほかの国とメキシコを立ち上げる予定です。

　いろいろお話ししましたけれども、何で会社が存在するか、何で会社をつくるのかということです。まず会社の目的は何かから話すと、実は会社の目的というのは、多分いちばん大切なことというのは普通の人と一緒で――会社は法人ですからね――まず、生き残ることです。生きていなかったら何も始まらないので。でも継続して生存できる仕組みをつくることがいちばん大変です。もちろんもっと大切なことは、法律を守ったりとか倫理を守ったりとか、これも人間と一緒で、たとえ会社が倒産することになってもそこは守らなくてはいけないのですが、その次にくるのは生存です。その次は当然、利益をあげて成長していこうということになりますが、実はそれではつまらないと思っています。会社というのは、私は（その漢字を）ひっくり返して社会だと思っています。会社のなかの一つの組織というのはやっぱり社会だ

第６章　MonotaRO　起業家の楽しみ　153

と思っています。この社会、どれだけいい社会をつくれるかというのが私にとっての事業のテーマです。

だから、従業員の皆さんに入社したらいうのは、いちばん大切なこととは、それができなかったら会社を辞めてもらうこととは、お互いに敬意を払ってもらうことなんです。お互いに敬意を払うことができれば、みんなそれなりに気持ちよい社会がつくれる。月曜日になったら、家庭が嫌だからではなく、会社が楽しいから、よし、会社へ行こうという気持ちになれる。そういう会社をつくるのが、本当は利益をあげることを超えて重要ではないかと思っています。

うちの会社での、もう一つのルールは、だいたい管理職以上の人間にいっていることですが、どんな失敗をしてもいい、その失敗から学べるならば、その失敗を小さな投資に抑えられるのならということです。その失敗が、その実験が小さな投資ですまないのだったら、クリエイティブになれといっています。失敗をすることを奨励する文化でないと、新しいものは生まれないのです。

第 8 節　世界で働くということ

私はいろんな国で働いたことがあって、いろんな国の会社を経営しているのでぜひお伝えしたいと思うことがあります。いま、若い人が結構内向きになっているという話がありますけど、ぜひ海外で働くという機会を考えてほしいと思います。

余談ですが、基本的に、世の中のネガティブな感情、特に怒りというのがみんなの人生を結構潰していると思います。どんなに小さいことでも頭にくることがあると、ほかにどんなに楽しいことがあっても、その1日は楽しくなくなりますよね。その怒りってどこから生まれるかというと、怒りというのは相手の行動が自分の設定している価値基準から外れているときに起こる

んですね。要するに、自分の期待したとおりの反応じゃないから怒るんです。

　変な話ですけど、ゴジラが東京湾から上陸してきて東京を壊しまくっても、みんなあんまり怒らない。ゴジラはそういうことをするものだから、そんなに頭にこない。ところが新聞の記事を読んでいて、奥さんが旦那さんを殺したというと、それはひどいなと頭にくる。奥さんはそういうことをするものじゃないと思っているからです。いいかげんな友達が時間を守らないで待ち合わせに来なくても、そんなに腹は立たない。あいつ、いいかげんだってわかっているから。でも、いつもちゃんと時間を守っている人が来なかったら、頭にくるわけです。要するに自分の価値基準にあわないとみんな頭にくるんです。

　だけど、逆に価値基準を変えると、本当は頭にこなくてもいいことかもしれないですよね。さっきの妻が夫を殺すというのはひどい話かもしれないけど、カマキリなんか交尾するたびに妻は夫を殺しているわけです。価値基準が違うんです。それが正しいか、正しくないかと判断する前に、そういう価値基準があるかどうかを考えられるかどうかが、実は自分の幅とか仕事の幅を広げていくんです。

　ところが、日本にいると日本人の価値基準、新聞とかマスコミとかでつくられたような価値基準に基づいて考えていて、たとえば中国はけしからんとか、ドイツはけしからんとかそういう話が出てきます。でも、実際問題として、それぞれの国は結構違う価値基準で働いています。最近のわかりやすい例ですが、ギリシャとドイツがけんかしています。そうすると、金を借りたのに返さないで開き直っているギリシャが悪いと、日本人の8割か9割はそう思っていますよね。でも、結構ラテン系の人たちは、返せないぐらい貸すほうが悪いだろうと思っているんです。実はそういう考え方って世界ではよくあります。

　いろんな国で仕事をするのが大切なのは、そういうことです。これだけ多くの国で多くの人が働いているときに、全部日本の常識で判断したら、もう

第6章　MonotaRO　起業家の楽しみ　155

頭にきて頭にきて、とてもじゃないけど仕事にならない。何でこいつらこんなに勝手なんだろう、時間を守らないんだろうということになります。だけど、それぞれの国がどうしてそのように違うのかという背景を知ると理解ができるようになってきます。

　もう一ついうと、物事を正しく判断するためには、比較する対象がどうしても必要なんです。基本的に世の中の人というのは、自分の価値基準だけでいろんなことを比較しているわけです。そういったときにほかの国の価値基準とかを知ることができれば、自分の人生が豊かになるだけではなく仕事で成功するポイントにもなる。ぜひ、海外で働くことを経験してほしいと思います。

第9節　質疑応答

学生　今後日本で起業するとかベンチャーを立ち上げるためには、まだまだベンチャーキャピタルの支援等、社会の支援がないのかなあと思っているんですが、その辺はどうお考えでしょうか。

瀬戸会長　みんな、起業っていうと、本当に思いつきで何かやるけど。さっきいったように、新しい事業を始めることになったら、まず業界のルールを全部調べて、脳みそから血が出るぐらい考えて、考えに考え抜いて、「もうこれ以上俺は絶対考えられない」というぐらい考えて、それでほかのやつに「どう思う」といって仲間を集めて、金を集めにいく。そこまでやる真面目さや熱意が、いままで会った人にはそんなにない。社会がどうするかとか、ベンチャーキャピタルがどうするというのは、はっきりいってどうでもいい。社会として失敗した人間を温かく迎えてほしいとは思うけど、それ以上のことは不必要じゃないかな。

　ほんと一生って1回しかない。意味あることをしたいんだと思ったら、それはやっぱり熱意をもつべきだと思う。人間ってそもそも生まれ

たこと自体が奇跡だから。ある組合せで子どもが生まれる確率というのはものすごく低い。だからものすごくラッキーだと、生まれただけで。それを絶対生かすべきだと思うんだよね。

学生　起業するにあたって、最初は瀬戸さんが起業しようと思いつかれてだんだんチームというものをつくっていかれたと思うんですけど、何人ぐらいのチームで、それぞれのメンバーがどういう役割をしていたか、教えていただけたらと思います。

瀬戸会長　そうですね、結構重要な創業メンバーと思えるのは私含めて四人だと思っています。一人はこの業界から来た人で、要は私にマーチャンダイジングを教えてくれた人間です。後の二人は同じく住友商事にいた人間で、ただ当時私は課長ぐらいのレベルだったんですけど、彼らはほぼ新入社員。一人はITに対して非常に素養があった。ちなみに、さっき海外っていう話をしましたけど、海外っていうと、じゃあ英語を勉強しなくちゃねという話になるけど、実は何を勉強しなくてはいけないかといったら、英語よりもプログラミングだよね。プログラミングがわかっている人間がいるというのが、ものすごく起業には強い。それから、もう一人の人間もある程度ITに対する素養があったのと、めっちゃ根性があった。5日間ぐらい寝なくても大丈夫なやつだった。

学生　続きで、プログラミングがわかっている人間というのは、具体的にどこまでができる人のことをいうんでしょうか。

瀬戸会長　いや、コンセプトさえわかっていれば、別に自分でプログラムをガンガン書けなくたっていいんだけど。極端にいえば、ある仕様が決まったときに、それを人の手を要さないでもちゃんと動かすことができるということがまずスタートだよね。何でもいいから自分で何か一つもつくったことがあれば、つくれるという違いが生まれてくるんだよね。最終的には人に頼むことになるから。

　もう一つ、あえていえば、自分で情報収集ができるだけの好奇心と最

低限の英語力は必要かもしれない。常に新しい情報が入ってきて対応をとるようにしないといけないから。

学生 瀬戸さんがビジネスをしていくうえでいろんな失敗とか成功も経験されたと思うんですけれども、自分がいちばん苦しいと思うときに最終的に拠り所にする経験とか価値観というものがありましたら、教えていただきたいです。

瀬戸会長 本当に苦しい時に第一に思うのは、絶対ソリューションはあるという信念。これは何かで読んだ話だけど、禅だったかのものの考え方で、答えがあるってまず思う。人間って、ものを考えているときにいちばんつらいのは、どんなに考えても答えがないんじゃないかって不安をもつことで、そうなると考える意欲がなくなる。それで、自分にかけた魔法というのは、「俺は絶対解決できる」「これには絶対答えがある」と思うこと。本当は思い込みにすぎないんだろうけどね、客観的には。でも、必ずソリューションは見つかってきた。

　　だから、「脳みそから血が出るほど」っていつもいうんだけど、本当に困ったときには脳みそから血が出るほど、とにかく考え抜いて、絶対解決策はあると思い、絶対ギブアップしない。

学生 先ほど、MonotaROさんは在庫が多くていろいろな商品を取り扱っているのが強みの一つだとおっしゃっていましたが、逆に在庫が多すぎるとキャッシュの回りが悪くなってしまうなど、そういうリスクの面もあると思いますが、その辺はどのように対策をとっておられるのですか。

瀬戸会長 もちろんそれにはバランスがあります。だけど、一般論としてこういうビジネスで、どの業種のディストリビューションのビジネスをみてもいえることは、在庫回転率と粗利益は普通、反相関関係にある。だから、在庫回転率が悪い商品は利益率も高くなくちゃいけない。在庫回転率がいい商品というのは、逆にいうとみんなが扱っている商品だから

競争が激しいので利益率が低くなる。

　アメリカでいうと、ねじを中心にやっている会社でファスネルという会社があるんだけど、ここは粗利益率が50％を超える。在庫回転率は2.2かな。一方グレンジャーは44％ぐらいの粗利率だけど、在庫回転率がやっぱり4.4とかそれぐらいだったかな。MonotaROのいまの在庫回転率は8ぐらいだと思うけど、粗利率は30％ぐらい。そのバランスって結構むずかしくて、粗利率が高いということは参入されるチャンスがすごく高くなるわけだよね。市場が大きくなると競合は激しくなるから。でも、在庫回転率が低い商品は、逆にいうとみんな在庫したくないから、自分が在庫したらほかの人が在庫するというインセンティブはものすごく下がる。だから、単純に数学だけで考えると、在庫回転率と粗利率だけの勝負だといえるけど、もっと重要なことは、じゃあ競合はどう考えるのということ。市場が小さいときに自分だけ在庫をもっていたら、ほかの人はもう在庫しようとしなくなるかもしれない。

学生　経営をしていくなかでの質問なんですが、事業をやっていくうえで自分一人の専門性では本当にどうにもならない、仲間が必要という状況が絶対あると思うんです。仲間を集める点で何か工夫はありますか。

瀬戸会長　まず仲間と対等とは思っていない。ビジネスをやるときに、みんな仲よく何人かでやろうというのがよくあるけど、絶対うまくいかないと思うよ。そういうのがうまくいっているケースもあるけど、やっぱりだれかボスがいないとだめなんです。正直いって、会社の規模にもよるけど、立上げの段階ではボスはほとんど全部わかっていないとだめだと思います。

　だから、さっきマーチャンダイズの人を雇ったといったけど、マーチャンダイズの人の専門性もほとんど自分で身につけるように努力しました。理解したうえで、任せられるレベルであるかどうかというだけの話ですね。自分ができないから任せるんじゃなくて、自分が全部理解し

第6章　MonotaRO　起業家の楽しみ　159

たうえでほかの人にもやらせるようなことをしていかないと、なかなか最初はうまくいかない。大きい会社の経営であれば、それぞれわからない部分があっても、任せられるかもしれないけど。私がいままでやってきたビジネスの成功というのは、いざとなったら全部ハンズオンで自分がやれるという自信がなかったらできないと思います。

　私はいまグレンジャーという大企業にいるわけですが、大企業の経営でも同じだと思います。私が昔いた住友商事に秋山さんという社長さんがいて、その人がいつもいっていたのが、「熱心な素人は常に玄人に勝つ」という言葉だった。専門性がないことでもものすごく勉強すれば、少なくともそのビジネスをマネージしていくだけの知識は容易に得られるといつも思っているんです。だから、仲間にエキスパーティスを期待するということはないです。ただ、本当に特殊なこと、とてもそんなの勉強する時間がないということに関しては、そういう人を雇いますけれど、その人の判断に委ねるまではないです。

学生　もし瀬戸さんが私たちと同じ就活生だとして、就職活動をするとなると、どういう軸をもってどのような企業に就職したいと思いますか。

瀬戸会長　MonotaROなんかどうですかね（笑）。

　かつては、会社に入るというのはほとんど一生をかけるような選択だったけれども、いまは必ずしもそうではなくなってきていますね。そうなった時、どうするのか。かつては20年後、30年後の自分はどうなるかという、もうほとんど不可能なタスクに挑みながら就職を考えたものです。でも、さすがに5年後の自分はある程度みんな想像できるんじゃないですか。5年後の自分がどうありたいかということを考えたうえで就職の選択をするというのは、一つの考え方だと思います。

第 7 章

京セラ
全従業員の物心両面の幸福を追求

京セラ株式会社 代表取締役会長　久芳　徹夫

（講義日：2015年 7 月 9 日）

皆さん、おはようございます。ただいまご紹介いただきました京セラの久芳でございます。本日は、京セラという会社が何のために経営しているのか、また京セラの経営のベースについてわかりやすくお話ししていこうと考えています。

　最初に、京セラグループの概要について説明します。2番目に、京セラ発展の歴史と半導体産業について話していきます。3番目に、京セラの経営の基盤となるものについて、4番目に、京セラの今後の技術革新と事業展望について、最後に、未来を担う皆さんに向けてとして、皆さんが今後の人生を歩んでいかれるにあたって、心にとどめていただきたいことについてお話しさせていただきます。

　京セラ株式会社は、名誉会長の稲盛が1959年にファインセラミックスの専業メーカーとして設立したもので、今年で56年を迎えています。売上げは、2015年3月期実績が1兆5,265億円で過去最高を更新し続けています。純利益においても、前期に比べ30.6％増加の1,159億円となりました。

　京セラグループの事業セグメントは、大きく7つに分類しています。

　まず、ファインセラミックス部品関連事業は、ファインセラミックスのもつ材料特性を生かした一般産業用セラミック部品や半導体製造装置の部品、自動車部品などの事業です。

　半導体部品関連事業は、半導体そのものではなく、半導体を保護するパッケージを中心とした事業です。セラミック基板や有機基板、プリント配線盤などがあります。

　ファインセラミックス応用品関連事業は、部品ではなく、民生用商品の事業です。太陽電池や切削工具、医療材料、再結晶宝石やキッチングッズなどがあります。

　電子デバイス関連事業は、民生用から産業用まで電子機器に搭載される電子部品の事業です。各種コンデンサーやSAWデバイス、水晶部品、コネクター、液晶ディスプレイ、印刷用ヘッドなどがあります。

　通信機器関連事業は、スマートフォンや携帯電話、基地局などの事業で

す。スマートフォンは国内だけでなく、海外向けにも供給しています。また、7月中旬以降タブレットの発売も予定しています。

　情報機器関連事業は、民生用ではなくオフィス用途の複合機やプリンター、トナーなどの事業です。

　その他事業は、ICTや基地局建設に加え、有機化学材料や光学部品、ホテルなどの事業です。このように京セラは、多角化経営をしているのが特徴です。

　京セラグループには世界中に226社の関連会社があり、地域別の売上げでは日本で42％、アジアで20％、欧州で17％、アメリカで16％となっています。

　京セラは1959年にファインセラミックスの専業メーカーとして創業し、初年度の売上げは2,600万円、利益は300万円でした。創業以降、オイルショックやプラザ合意、バブル崩壊などがあり、近年ではリーマンショックや東日本大震災などのさまざまな経済変動がありました。

　特にリーマンショック時には多くの企業が赤字に陥るなか、京セラは黒字経営を続け、創業以来一度も赤字に陥ることなく黒字経営を続けています。その理由は、社員一丸となって経済環境の変動に対処してきたことに加えて、お客様の要望に応えて常に技術革新を続けてきたことにあると考えています。

第 1 節　創業とアメリカへの挑戦

　京セラ創業当時の時代背景ですが、1953年、日本でテレビ放送が開始され、テレビの普及が進むなか、電子機器になくてはならない高周波絶縁部品が求められていました。創業者である稲盛は、テレビのブラウン管に使われる電子銃の絶縁部品の材料として、フォルステライトという新しいセラミック材料を日本で最初に開発し、その製品化に成功しました。1959年、この

第7章　京セラ　全従業員の物心両面の幸福を追求　163

ファインセラミックスの技術をベースに稲盛が設立した会社が京セラです。

創業当初の京セラは、テレビのブラウン管に使われる絶縁部品のU字ケルシマの単品生産を行っていました。しかし、この製品がなくなれば会社が倒産するという危機感が常にありました。そこで、ファインセラミック材料がもつ絶縁性を生かし、U字ケルシマにかわるほかの量産品を獲得しようとアプローチしましたが、当時無名で零細企業であった京セラに発注する会社はありませんでした。

一方アメリカでは、半導体産業の黎明期を迎えていました。それまで電子機器に用いられていた真空管にかわってトランジスタが発明されたことで、電子機器の小型化、高性能化が進み、半導体産業がアメリカで勃興しようとしていた時代でした。高絶縁性のセラミックを半導体産業に採用してもらいたいという思いで、稲盛は、1962年にアメリカでの市場開拓にチャレンジします。しかし、そこでも当初、京セラは苦戦を強いられます。

製品サンプルをみせると、その技術の高さに関心を示してはもらえるものの、なかなか受注に結びつきませんでした。諦めずに何度も訪問し、積極的に試作受注を受けるなかでめぐり合うことができたのが、アメリカ半導体産業の主役となるフェアチャイルド社でした。

1964年に初めてフェアチャイルド社からトランジスタ用セラミックビーズと呼ばれる製品を受注しました。トランジスタは、電気の流れをコントロールする半導体です。このトランジスタの絶縁に適した材料として、ガラス、樹脂、セラミックスなどがテストされました。その結果、耐熱性、絶縁性、気密性の点で最も優れていたのはセラミックスでした。しかし、このトランジスタビーズを加工なしで成形するには形状が複雑であり、またリード線とセラミック間の気密性を確保することが困難なため、ほかのセラミックメーカーは受注を断りました。当時の京セラもつくったことのない製品でしたが、稲盛は「できます」といって引き受けました。

試行錯誤の結果、高精度の粉末成形技術とガラスの接合技術などを確立し、要求される品質と耐久性を実現しました。このことがきっかけでアメリ

カのほかのトランジスタメーカーから次々と注文がくることになり、京セラが半導体産業と深いかかわりをもつ第一歩となりました。

　1966年、IBM社の最初の大型汎用コンピュータ・システム360の心臓部に京セラ製のセラミックサブストレート基板が採用されました。これも、京セラの技術水準をはるかに超える厳しい技術要求でした。当時の製品仕様書といえば、図面1枚ついてくる程度が一般的でしたが、IBM社からの仕様書は本1冊分の厚みがあり、寸法精度や外観のみならず、平行度、平面度、耐熱性、耐久性などのあらゆる条件が厳密に規定されていました。セラミックスは焼き物ですから、焼くと反ったり縮んだりします。焼き上がった後に加工することなく、IBM社からの厳しい寸法精度を実現するには、新材料の開発から取り組まなければなりませんでした。

　種々の材料を検討するなかで、純度96％のアルミナが電気的特性と寸法精度の規格を満足することを見出しました。しかし、成形工程や焼成工程での製造の管理幅は非常にタイトで、試作レベルではできるものの、IBM社からの2,500万個という大量注文をやり遂げるには生産設備から開発しなければなりませんでした。そうした多くの困難を克服し、期日どおりに仕様書どおりの製品を納入することができました。当時、IBM社の最新鋭コンピュータに使われるセラミック部品を京セラが納入した事実は、京セラの信用を世界的に高めるきっかけとなりました。

　1960年代から70年代にかけて、アメリカのカリフォルニアでは半導体のベンチャー企業が次々と生まれ、シリコンバレーと呼ばれる一帯を形成しました。京セラはその近郊のサニーベールに1969年、アメリカ初となる営業拠点を設け、お客様に密着し、要望に迅速に対応できる体制をいち早く確立しました。同様に、1971年アメリカ・カリフォルニアのサンディエゴにおいて現地での生産も開始し、生産面からもお客様のニーズに即応できる体制を整えていきました。

　このようなアメリカ半導体産業での成功で、それまで相手にされなかった日本の大手エレクトロニクスメーカーからも京セラに注文が殺到しました。

最盛期には、セラミックパッケージで京セラが市場シェアの80％以上を占めていました。

第 2 節　半導体産業の発展と京セラの技術革新

　IC（集積回路）の機能が高度化するに従って、電気信号を送る端子数が飛躍的に増え、パッケージにおいても多ピン化や複雑な配線が求められました。先ほどのIBM社のサブストレートのような単層構造では対応できず、京セラは積層技術を確立することでICの高度化に応えていきました。

　ここで簡単にセラミック多層パッケージの製造工程を説明します。

　最初にセラミック粉末を加工しやすいシート状に形成します。次に、それぞれの層を電気的に接続させるために、ビア（VIA）と呼ばれる微細な穴を開け、そこに金属の導体を埋め込みます。次に、各層に個別に配線パターンを印刷します。次の積層工程では、印刷された多層のシートを重ね合わせ、加熱、加圧し一体化します。それを個片に切断後、焼成し、金具づけを行います。金具づけされたパッケージの完成品には、中央部にLSI（大規模集積回路）が接続されます。立体回路が形成され、電気は内層ビアと内層導体を通って流れていきます。

　このように可曲性シートをつくり多層構造にし、穴を開けて横方向に金属の導線をつなぐという構想は画期的なイノベーションであり、京セラが世界で初めて量産技術を確立したものです。半導体の進化とともに、パッケージ技術も大きな革新を遂げてきました。通常の汎用LSIパッケージでは、7、8層構造で200から300ピンクラスのセラミックパッケージが一般的でした。現在では、有機材料の特性向上もあり、低価格の有機パッケージが多く使われています。しかし、高機能なサーバーなど向けの高密度、微細化、耐熱性など高い信頼性が求められるパッケージについては、最先端の材料技術、設計技術、電気特性を生かしたセラミックパッケージが依然使われ、京セラが

いまも高いシェアを維持しています。

京セラのパッケージが最先端の分野に使われている例としては、日本が誇るスーパーコンピュータ「京」で、京セラのセラミックパッケージの採用があります。最先端LSIパッケージは数十層構造で、外部端子は2,000から3,000ピンです。各層の配線パターンはそれぞれ異なっています。このパッケージでは、電気特性シミュレーション技術を駆使し、最先端LSIの特性を最大限に引き出すための設計を実現しています。

一方、有機材料のパッケージにおいても、京セラはセラミックパッケージで培った技術を利用して高性能サーバ用などの産業用ハイエンド市場向けの先端製品の開発から、ゲーム機などの民生用の製品まで多様な使用ニーズに応えています。

先に述べました多くのパッケージは、セラミック材料から低価格の有機材料へと移行しました。そのため、セラミックパッケージ部門では、このままでは事業の存続が危ぶまれるという危機感をもって、あらゆる可能性を検討しました。そのなかで、パソコンや携帯電話など電子機器の小型化のニーズに着目し開発したのが、水晶振動子用パッケージです。

電子機器の基準信号として用いられる水晶振動子は、外気と遮断するため、従来は金属パッケージが使われてきました。一方で、金属では小型化や表面実装化に限界があることから、セラミックパッケージのニーズが高まっていました。この水晶振動子用セラミックパッケージは、LSIパッケージのような多層構造ではなく、2、3層のシンプルな構造で、LSIパッケージの数百分の1という低価格です。しかし、必要とされる量は数億個と大量です。安価なパッケージを大量に生産するための生産技術や工法開発にチャレンジしていきました。かつては、水晶振動子のパッケージはすべてが金属でしたが、現在は全体の70%がセラミックとなっています。携帯電話やスマートフォンの普及により、この小型電子部品のパッケージのニーズは高まり続け、いまでも成長し続けています。

スマートフォンやタブレットにはさまざまなセラミックパッケージが使わ

第7章　京セラ　全従業員の物心両面の幸福を追求　167

れています。いずれのパッケージも気密性が高く、超小型・薄型を実現することで、スマートフォンの小型化、多機能化、高性能化に貢献しています。CMOSイメージセンサー用パッケージは、スマートフォンには欠かせない高画質のカメラ機能を引き出す超小型・超薄型のセラミックパッケージです。そのほかにフラッシュライト用LED基板、近接センサ用、加速度センサ用、シリコンマイク用、高周波モジュール用、バックアップバッテリー用各種パッケージなど、皆さんがお使いのスマートフォンやタブレットには京セラ製のセラミックパッケージが数多く使われています。この結果、セラミックパッケージ部門の売上げは、過去の半導体向けが主力のときよりさらに伸び続けています。

　セラミックの優れた耐薬品性、高剛性、高精度を利用して、京セラは半導体パッケージの分野に限らず、半導体製造装置部品も供給しています。電子機器の小型化、高性能化に伴い、半導体の微細化、高性能化、高集積化が求められており、それにあわせて製造技術も高度化しています。

　半導体がつくられるまでの工程において、まず、ウェハー表面を酸化させる工程では、ウェハーを装置に運ぶハンドリングアームにセラミック部品が採用されています。次のフォレジスト塗布の工程では、均一に膜を塗布するために耐熱性の高いセラミックヒーターが搭載されています。次の、ウェハー表面にパターンを形成する露光工程では、強い光を当てウェハーの表面に回路を焼きつけます。ここでは正確な位置決めをするステージ部品に、熱による体積膨張がほとんどないセラミックスが採用されています。ステージの中央部は直径300ミリの範囲で平面度が50ナノメートルという加工精度です。このナノレベルでの超平面加工は、一般的な加工では実現できず、京セラで製造プロセス、設備の開発を行い、お客様から要求される超高精度部品の製造を実現しています。次のエッチング工程では、強いプラズマを当てることでパターンとなる溝を彫ります。ここでもセラミックスのもつ耐薬品性、耐プラズマ性が求められます。京セラは半導体の進化に伴うお客様の厳しい要求にあわせてきたことから、現在、全世界の半導体製造装置の50％以

上に京セラの部品が使われています。

　京セラ発展の歴史における半導体産業とのかかわりを中心に京セラの技術革新をみてきましたが、20世紀後半は情報技術の時代であり、その立役者が半導体でした。半導体産業は半世紀足らずでコンピュータ、インターネット、モバイル通信など人類のライフスタイルを一変させるほどの大産業革命をなし遂げてきました。この半導体の技術振興を下支えしたのは、半導体パッケージであり、半導体製造装置部品であったといえます。半導体産業とともに歩み、半導体技術を底辺から支える役割を果たすことで、世の中の豊かさに貢献できる一翼を担えたことは、京セラの誇りです。

　そのベースにあったのは「お客様のために」ということだけではありません。創業間もない頃、U字ケルシマだけでは会社が潰れると稲盛が必死の思いで半導体産業にチャレンジしたこと、そしてその後、200から300ピンのLSIが有機にとってかわられた時、事業の存続をかけて電子部品産業にチャレンジしたこと、稲盛や先輩たちのベースにあったのは、「会社のために、仲間のために」という思いだと考えています。

第 3 節　京セラフィロソフィとアメーバ経営

　次に、京セラの経営基盤となる経営理念や管理システムについてお話ししたいと思います。

　京セラが次々と新しい技術に挑戦し、新しい製品を世に送り出し続けた目的は、「全従業員の物心両面の幸福を追求すると同時に、人類、社会の進歩発展に貢献すること」という経営理念の追求にほかなりません。これが京セラの経営の根幹です。この経営理念は創業間もない頃に稲盛が定め、いまの経営陣も大切にしています。会社発展に伴い、さまざまな企業がわれわれのグループに加わりましたが、すべての関連会社を含め京セラグループはこの経営理念を経営の根幹に据え、事業活動を展開しています。

第 7 章　京セラ　全従業員の物心両面の幸福を追求　169

経営理念とは、その会社の存在意義、あるいは目的を表すものですが、京セラは最初に、すべての従業員の経済的、ならびに精神的な幸福を実現するために存在するということを明確にしています。多くの企業においても経営理念を制定しておられることと思います。しかし、その多くがお客様第一や社会貢献をうたっています。京セラのように、従業員の幸福をその経営目的の第一に掲げている企業はほとんどありません。従業員の幸福を経営目的の第一に掲げることは、株主を軽視しているのではないかと機関投資家から指摘されることがあります。しかし、われわれは次のように考えています。

　会社が従業員の物心両面の幸福を実現すること、つまり従業員が経済的な不安がなく、仕事を通して働く喜び、生きがいを感じ、生き生きと働くことで、すばらしい製品やサービスを生み、お客様に供給することができます。その結果、会社はすばらしい業績をあげ、納税を果たし社会に貢献するとともに、配当を増やし株価を上昇させることを通じて、株主に貢献することができます。

　この経営理念を定めた経緯について少しお話しさせていただきたいと思います（図表7－1）。先ほどもお話ししましたが、京セラは、ファインセラミック技術を用いてあらゆる産業に貢献したいと、技術者であった稲盛が仲間とともに創業した会社です。しかし、創業3年目になり、会社経営も少し軌道に乗ってきた頃、若い社員たちが団体交渉を起こしたのです。その要求内容というのは、会社が小さく将来が不安なので毎年の昇給やボーナスをこれぐらいは保証せよというものでした。その時、稲盛は初めて、会社の経営者は自分の家族のみならず従業員やその家族まで、その将来を保証しなければならないということを自覚しました。京セラの経営理念は、創業3年目に起こった社員による団体交渉を契機に、稲盛が会社のあり方をあらためて考え、つくったものです。そして稲盛はこの経営理念の実現を目指すため、会社を健全に、永続的に発展させていくために必要な考え方についてまとめていきました。それが「京セラフィロソフィ」と呼ばれるものです。

　「京セラフィロソフィ」には、「人間として正しいことを貫く」という人間

図表7－1　京セラフィロソフィ

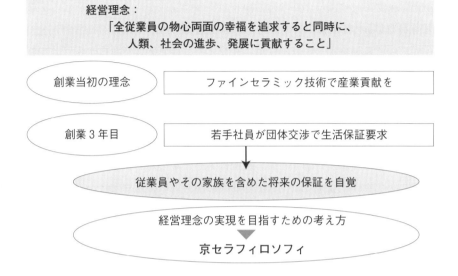

としてもつべき基本的な倫理観、道徳観をベースにして、どのように会社を経営するかが書かれています。実際「京セラフィロソフィ」には、両親や学校の先生から教えられたようなことが並んでいます。たとえば「素直な心をもつ」「常に謙虚であれ」「感謝の気持ちをもつ」など、皆さんも驚かれるくらい平易な項目がたくさんあります。京セラでは、この「京セラフィロソフィ」を会社のよって立つべき基本的な考え方として全社員で共有し、仕事における判断基準としています。

　この「人間として正しいことを貫く」ことの大切さは、多くの人に共感していただける考え方ではないでしょうか。しかし、実行できているかといわれると、自信をもって「できている」といえる人は少ないと思います。それは、人間はともすると易きに流れ、これぐらいはいいだろうと甘い判断をしてしまうからです。トップが自分の会社をよくみせたいと粉飾決算に走ったり、モラルの低い食品会社の社員が薬物を混入させたりするなど、人間として正しいことを貫くことができないため、会社を潰しかねない事態を引き起

こすことがあります。そのため京セラでは、常に倫理、道徳観に根ざして組織運営に努めていくことができるよう、毎日の朝礼や、また集合研修の場などを通じて、「京セラフィロソフィ」の浸透に懸命に努めています。

　強い経営基盤をつくるためには、会社としての考え方を共有するだけでなく、従業員との信頼関係を築いていくことが必要です。経営者、従業員の分け隔てなく、心をベースとする信頼関係を企業内につくるため、京セラは仕事以外の場でさまざまな会社行事をしています。その会社行事の多くを全員参加で行い、信頼関係づくりに努めてきました。

　一例として運動会があります。最近は実施する会社も少なくなってきたと聞いていますが、京セラは創業間もない頃から毎年欠かすことなく、すべての事業所、工場において、いまも盛大に開催し続けています。スポーツは上下分け隔てなく一緒に楽しめるものです。そのような運動会は、事前練習から当日の応援に至るまで若手社員が中心となって企画・運営し、職場ごとに一致団結してあたっています。この活動を通じて職場の団結力や互いの信頼関係を強いものにすることができています。また若手社員にとっては、リーダーシップを発揮して職場の全員をまとめるという、仕事にも生かすことができる貴重な経験の場となっています。

　全社スポーツ大会は、京セラの各事業所で予選会を行い、代表チームを選抜し、全国のチームが一堂に会して競技を行う大会です。これも若手中心に企画から運営まで行っています。また、職場においては、コンパと呼ぶ職場ごとの親睦会が開催されています。このコンパも全員参加で行いますが、そのようなコンパの場ではアルコールの力も借りて、ふだん思っていることをお互いに語り合うことができます。また、全員で目標を目指そうとするとき、本当に心の底からやりたいと思えるか、コンパの場を通じてお互いの考えを語り、思いを一つにする場ともなっています。

　次に、経営理念を実現するための仕組みである「アメーバ経営」について説明したいと思います（図表7−2）。

　京セラでは組織を小さな単位に分けて、それぞれの組織の収支がわかる

図表7-2 アメーバ経営

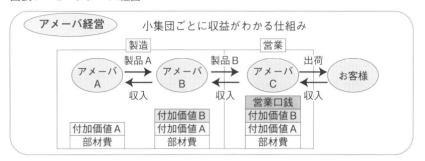

実態をリアルに把握

「アメーバ経営」と呼ばれる独自の経営管理システムで日々の運営を行っています。一般の会社でも機能ごとに組織を分けて日々の事業活動を行っていますが、組織の末端に至るまでの経営状態を正確かつタイムリーに把握する管理会計システムとなっているところが、京セラと他の会社の大きく違う点だといえます。

製品の流れで説明したいと思います。初めに、製造の工程ではアメーバAが材料をつくります。次のアメーバBはその材料を使って部品にします。アメーバCは部品を加工し仕上げます。製造がつくった製品は営業がお客様に販売します。一般の会社では、製造はすでに決められた原価でモノづくりをし、営業はそれに付加価値をつけてお客様に販売します。つまり、原価に対しどれだけの付加価値をつけるのかを決めるのは営業であるため、営業で利益がわかるようになっており、製造では自分たちがつくっている製品に利益が出ているのか、出ていないのかがわかっていません。一方京セラでは、製

造工程ごとにアメーバがつくられ、それぞれが採算単位として社内売買を行っています。そして、市場価格に連動してそれぞれの工程で製品の価格が設定されていきます。このような仕組みを設けることによって、京セラでは製造部門でも、利益が出ているか、いないかがそれぞれの工程ごとによくわかり、必要な改善の手がすぐに打てるようになっています。このような管理会計システムをとっているだけに、市場の変化に柔軟に対応し、常に先手を打ってコスト低減を図り、利益をあげることが可能となります。

　また、京セラでは、各部門の実績をオープンにしています。つまり、自分たちの部門の業績はもちろん、それを束ねる上位の組織、さらには全社の業績も公開され、自分たちの努力の成果が毎月数字で明確にわかるようになっています。このような会社は少ないと思います。極端な話ですが、会社が倒産してもなぜそうなったのか、社員がわかっていない場合がほとんどではないでしょうか。京セラでは毎月、会社および各部門の実績をすべての社員に発表しているため、会社や自分たちの部門の経営状態が一目でわかります。会社の経営状態がわかり、さらには自分たちの努力の結果についても数字となってみえるから、社員にとって働きがいややりがいも生まれてきます。だからこそ、われわれの社員は自分たちの組織の業績向上のために、困難な状況でも何とかしようと懸命に努めてくれるのだと考えています。「アメーバ経営」を通じて、一人ひとりの社員がモチベーションを最大限に高め、それぞれの持ち場、立場で自発的に努力を重ね、業績拡大に貢献することができるような組織となることを目指しています。

　また、この「アメーバ経営」はやりがいを生む仕組みであると同時に、人材を育成する仕組みでもあります。つまり、採算単位であるアメーバごとに任命されるリーダーは、小さな会社の経営者のように自部門の経営を任され、創意工夫を重ねながら業績向上を目指します。その過程で事業活動の基本を学ぶのみならず、人心掌握の方法から組織の運営に至るまで、経営の基本を習得することが可能となります。そして、リーダーとして大きく成長することができます。

174

これからも「京セラフィロソフィ」と「アメーバ経営」を経営の基盤に据え、さらなる技術の革新を図り、世のため人のためになる製品を供給し続けていきたいと考えています。

第 4 節　京セラの取組み

そのような製品のなかから、独自の新技術を生かした新製品についてご紹介いたします。

セラミック材料のなかには電気をかけると伸縮する特性のものがあります。これを圧電セラミックスと呼んでいます。この特性を利用した製品を3点紹介させていただきます。

1点目はインクジェットプリントヘッドです。インクジェットプリントというと、皆さんのご家庭にある民生用インクジェットプリンターを想像されるかと思います。京セラでは、民生用ではなく商用印刷に使う産業用インクジェットプリンターのヘッドを開発しています。これまで、大面積を高速で印刷できる商用レベルのインクジェットプリンターはありませんでした。圧電特性が低かったためです。京セラは、圧電効果を高めた材料を新たに開発し、商用印刷のスピードに耐えられる長寿命のインクジェットプリントヘッドを実現しました。このことで、コンピュータ画像をそのまま布地に印刷することが可能になりました。これまでの布地の印刷方式では、デザイン、色分解、製版、色合わせ、印刷の五つの工程が必要でした。この方法では布地を色別に染色する必要があるため、デザインにあわせた製版を洗浄する必要がありました。新興国ではこの製版の洗浄を人が行っているので、いまでも銅、ニッケル、クロムなどの有害金属を含んだ染料などに素手で触れ、人体に悪影響を及ぼすことが問題となっています。また、洗浄の廃液を垂れ流している地域もあり、深刻な環境問題を引き起こしています。このインクジェットプリントヘッドの開発により、製版が不要となることで洗浄の必要

がなくなり、健康問題、環境問題を解決することができます。

　2点目は、同じ圧電セラミックスを利用したスマートソニックレシーバと呼ばれる部品で、主にスマートフォンに使われています。セラミックスの圧電素子が声を震動に変換し、スマートフォンのディスプレイ部をダイレクトに震動させることで耳の内部で音を発生させます。音と振動で声を伝えられるようになったことで、聞こえやすさを実現しました。京セラが世界で初めて開発に成功した製品で、京セラ製スマートフォン端末のほとんどにスマートソニックレシーバが採用されています。

　3点目は、インジェクター用ピエゾです。欧州では、環境に対する意識が高く、CO_2排出量の少ないディーゼル車が半数以上を占めています。ディーゼルエンジンの燃料噴射装置であるインジェクターにおいて、高圧で燃料を微細に噴射することが求められていました。京セラは、熱に強いピエゾ素子を何百層も精密に積層することで、信頼性が高く、大きな変位量を精密に制御できるインジェクター用ピエゾを開発しました。排ガスのクリーン化と燃費の向上に大きく貢献しています。

　次に、エネルギー関連の新製品を紹介します。地球環境問題の解決のために、再生可能エネルギーの割合を増やすことが求められています。しかし、再生可能エネルギーは天候に左右されるため、電気を安定的に供給する必要性が高まっています。京セラが製造していますソーラー発電システムも天気によっては発電量が変動するため、蓄電池を組み合わせたHEMS、つまりエネルギーマネジメントシステムを開発しました。現在は家庭用にシステムを構築していますが、今後は、ビルやショップ、さらにはコミュニティにもこのシステムを展開していきます。

　SOFCは水素と酸素を反応させて電気を発生させる燃料電池ですが、水素と酸素を反応させる部分には、従来は有機膜が使われていました。しかし、有機膜はおおむね弱く、動作温度を80度までに抑える必要がありエネルギー効率に課題がありました。京セラは、この有機膜にかわる熱に強いセラミックスの材料開発をすることで700度以上の動作温度を可能にし、燃料電池の

高効率化、小型化、高耐久性を実現しています。既存の電池ではなく、新しいコンセプトでメガソーラーに対応した大型蓄電池の製品化を目指しています。

　京セラは人工骨などの医療関連の事業をしていますが、いまから紹介する医療関連の新製品は、現在開発中のものです。先進国では、今後高齢化社会が進行するに伴い、医療関連費がますます増大することが予想されます。また、医療のあり方も治療中心から予防重視へとシフトしています。京セラでは、医療費抑制や予防医学へのニーズに応えるべく、電子部品技術を使ってのセンサー部品の開発を進めています。

　嗅覚センサモジュールは、息を吹きかけるだけで特定の成分を測定し、血糖値の異常を検知することが可能になります。携帯電話の電子回路技術を用いた非常に小さな血液検査装置です。センサーチップの部分には、携帯電話に使われるSAWデバイスを応用したバイオセンサーが埋め込まれており、血液中の特定の成分を検知することで病気の早期発見が可能です。さらに、スマートフォンのアプリを使って毎日の運動量や食事、睡眠などを管理するとともに、スマートフォンをおなかで半周させることで内臓脂肪の量を推定することができます。

　このように今後も京セラは、人々の暮らしに役立つ製品を開発することで社会に貢献していきたいと考えています。

第5節　未来を担う若者へ

　いま、京都大学におかれましては、国際的な視点からも教養教育・リベラルアーツの重要性を説かれています。私もまったく同感です。専門分野をさらに深めていただくことはもちろん大切ですが、専門以外のさまざまな分野についても勉強していただきたいと思っています。それは、知識や教養が身につくだけでなく、幅広いもののとらえ方ができるようになるからです。ま

第7章　京セラ　全従業員の物心両面の幸福を追求　177

た、皆さんが社会に出て活躍していかれるために、ぜひ学生生活を通して多くの人と出会うことを心がけていただきたいと思います。多くの人と交流を深めるなかで、尊敬できる人に出会えると思います。人をひきつけるすばらしい人というのは、高い人間性を備えています。そういう人に出会えたら、ぜひ、自分も同じようになりたいと努力していただきたいと思います。それが皆さんの人間性を高めることになります。人間性を高めるには、ふだんから高い倫理観、道徳観に根ざした行動をとっていかなければなりません。しかし、頭で理解していても実際に行動するのはなかなかむずかしいことです。それは、人間は大なり小なり欲があるからです。つい、これぐらいはいいではないかと自分に甘くなるのが人間です。しかし、人間としてこういう生き方をすべきだということを理解して、少しでもそれに近づこうと懸命に生きている人と、そう思わずに漫然と生きている人とでは、人生や仕事の結果はまったく違ってきます。体得できるか、できないかではなく、体得しようと努力を続けることが大切だと考えています。

　皆さんはやがて社会に出て、自らが望もうと望むまいと、多くの人の上に立ち、組織を率いていくことになります。その自覚と責任をもち、さらに研さんを積まれていかれることを願っています。

　ここに集う皆さんがすばらしい人間性を身につけ、これからの新しい日本を担っていかれることを期待申し上げ、私の話を終わらせていただきます。ご清聴、ありがとうございました。

第 6 節　質疑応答

学生　創業当初のアメリカでの市場開拓というお話がありましたが、それは日本でいまのままでは売上げがあがらないので先にアメリカに行って実績をあげようという考えで行かれたのか、それとも並行して日本でも営業されておられたのか、どちらでしょうか。

久芳会長　アメリカに稲盛が出ていった背景には、日本には「系列」といった、独特の古い慣習があったということがあります。そのため、日本の大手企業からは、なかなか注文をいただくことができなかったのです。しかし、アメリカの企業は、過去に発注実績がなくても、技術的に優れていれば、注文をいただけます。だから、アメリカ進出を考えたわけです。

　そのとき、その後大きく伸びていく半導体にねらいを定めました。京セラは1959年創業ですが、半導体産業も1950年代半ばにアメリカ西海岸で勃興したばかりで、京セラのような新興企業にも門戸が開かれていました。

　つまり、売上げを増やすため、やみくもに海外へ出て行ったわけではありません。先の時代を考え、これから大きく発展していくのは半導体だと考え、アメリカへいち早く行ったわけです。その意味で、アメリカ進出は稲盛の先見性を示すものだと思います。

学生　京セラの創業者の稲盛さんはすごく有名な方で、数々の成功体験を書籍などでよく拝見させていただいています。その一方で失敗体験というのがあまりないように思います。久芳会長がご存じの範囲でかまいませんので、何か失敗体験があれば教えていただければと思います。

久芳会長　ほとんど失敗はありません。なぜなら、京セラは成功するまでやり続けるからです。しかし、そのなかで戦略的に撤退した事業はあります。たとえば、コンタックスというブランドで一世を風靡したヤシカというカメラメーカーを救済合併したことがあります。その後、デジタルカメラなど民生用カメラからは撤退しましたが、その技術を活かして、現在は自動車の後方認識カメラ等の事業を手がけています。

学生　「アメーバ経営」について、京セラは独特な管理会計システムを導入し、一人ひとりのモチベーションを引き出して収益をあげているという

第7章　京セラ　全従業員の物心両面の幸福を追求　179

話でしたが、アメーバの間で利益を奪い合うような、争いは起きないのでしょうか。

久芳会長　鋭い指摘です。おっしゃったとおり、アメーバAもBもCもすべてのアメーバが採算部門ですから、悪くいうと「争い」が起こります。「自分たちの利益を多く確保したい」という気持ちはだれでももっています。ですから、工程間の価格交渉から争いが起こることが、昔はよくありました。

　いま京セラでは、四つのアメーバで構成する生産工程であれば、原価構成を、たとえばアメーバAが20％、Bが30％、Cは40％、Dは10％というように、前期実績に基づいて決めています。もし、お客様がある製品の価格を、100円から80円に値下げ要求されたとすれば、アメーバAは80円の20％の16円しかもらえなくなります。アメーバBからDも同様の割合です。そのようにアメーバ間の原価構成比を決め、そのなかで採算向上に努めなさいというようにしています。

　しかし、新製品の立ち上げで、アメーバBが非常に複雑な工程となり、その工程で原価が非常にかかるというようなときには、従来の割合では争いごとが起きる可能性があります。そのときには、事業全体をみているリーダーが、みんなの意見を聞きながら全体調整を図るようにしています。

　また大切なことは、今日お話しした「全従業員の幸福」の実現を目指す経営理念、また「人間として正しいこと」を貫く京セラフィロソフィが、アメーバ経営のベースとなる考え方としてなければならないということです。アメーバ経営とは、個々の部門が自部門の業績拡大のみを目指していく仕組みではなく、会社全体の業績拡大を図ることを目指し、それぞれの部門が、自立的、主体的にどのように仕事にあたるかを考えていく経営システムなのです。

学生　二つ質問がありまして、一つは、幸せな社員、京セラさんの理想とし

ているハッピーな社員というのはどういうものですか。

　もう一つは、生き生きして働く社員になるために必要な素質、スキルなど、どういうものが重要か、大学で学んでおくべきことが何かあれば教えていただきたいです。

久芳会長　何がハッピーかということは、人それぞれ違うのだと思います。車が大好きな人は車を運転している時がいちばん幸せだと思うし、コレクターはいろんなものを所有することが喜びでしょう。しかし、人間が心から満足感を得られるのは、やはりモノやお金ではありません。

　私は、人間というのは、他人から「ありがとう」と感謝されることで、自分が世の中のためになっていると感じられる、そのことが最大の喜びではないかと思います。人間は一人では生きられず、多くの人と一緒に生活しています。そのなかで幸せを感じられるのは、自分が人から頼られている、あるいは感謝されていると思える時ではないでしょうか。

　いろんな考え方がありますので、皆さんも自分が考えた方向に進んでいただいていいのですが、覚えておいていただきたいのは、どういう考え方をするかで、人生までもが変わってくるということです。自分がどのように生きていこうとしているのか、ぜひ真剣に考えていただきたいと思います。

　二つめの質問は、大学時代にどういうスキルを手に入れておけばいいのかということでした。

　先ほど、「人生の結果・仕事の結果は、考え方、熱意、能力の三つの掛け算で決まる」ということをお話ししました。しかし、物事をなし遂げるためには、知職やスキルなど「能力」と「熱意」さえあれば、大抵のことはできます。いや、必死になって、つまり最大限の「熱意」をもってすれば、知識やスキルといった「能力」がなくてもできるでしょう。たとえば、松下幸之助さんは小学校しか出ておられません。しかし、一生懸命に仕事に打ち込まれ、日本を代表するような会社をつくら

第7章　京セラ　全従業員の物心両面の幸福を追求　181

れた。自分にない知識は、その知識をもっている人に聞く、あるいは
やってもらう。実際に電気の専門知識をもっていたわけではなく、「こ
うありたい」と強く思う気持ち、つまり強烈な「熱意」が、事業を発展
させていったのです。また、松下幸之助さんには、「世の中のためにな
りたい」という、素晴らしい「考え方」もありました。だからこそ、松
下電器産業（現パナソニック）という素晴らしい会社を起こし、発展さ
せることができたのではないかと思います。

　ものごとがやれるか、やれないか、それには、「熱意」と「考え方」
が最も大切です。スキル、知識、「能力」というのは、「熱意」と「考え
方」があれば、後からついてくるものだと思います。

　もちろん皆さんは学生ですから、いまのうちに知識を蓄えることが必
要です。しかし、この専門分野の知識だけと限定することなく、一般教
養も広く学ぶべきだと思います。せっかく京都にいるのですから、日本
の歴史や文化、さらには文明ということに思いをはせ、「なぜ、こうい
うものが生まれたのか」というようなことにも積極的に関心をもつこと
が非常に大事なことではないかと思います。

　また、今後グローバル化がさらに加速していきますから、語学の勉強
に励んでいただきたいと思います。英語はもちろん他の言語も含め、さ
まざまな学習機会がありますので、ぜひ語学習得に懸命に努めていただ
きたいと思います。

学生　全員参加のイベントについて質問をさせてください。私は社会人経験
　　があ りまして、そういったイベントというのは、強制ではなくて任意参
　　加というかたちでした。その会社ではやはりみんな、「めんどくさい」
　　「休日出勤嫌だな」という本音があったので、京セラさんの例はちょっ
　　とした驚きがありました。実際のところ、社員の雰囲気は、本当に喜ん
　　で参加されているのか、それとも会社が絶対行きなさいというので参加
　　になっているのか、お聞きしたいと思います。

久芳会長　京セラはメーカーですので、研究所や営業所で働く人より、工場の製造現場で働く人のほうが圧倒的に数が多いわけです。そのような工場の人たちは、本当に運動会を楽しみにしています。

　昔、小学校の運動会では、おじいちゃんやおばあちゃんも一緒になって、お弁当を囲み、子どもたちが運動会で活躍するのを応援する風景がよく見られました。その懐かしい風景と同じように、会社の仲間をみんな必死で応援しています。京セラの運動会は団体戦ですので、自分たちのチームが何としても勝たなくてはいけないというので、競技に出ない人も必死に応援しますし、その輪に社員のご家族も参加されています。また運動会は工場だけでなく、営業が集まる東京地区でも2,000人を超える規模で開催しています。

　思うに、新入社員の時に「出ても出なくてもいい」といわれると、もう出るのが嫌になってしまうでしょう。ところが京セラのように、入社した当初から、運動会など会社イベントには必ず出るものだということが、いわば「空気」みたいに存在するなかに放り込まれれば、あまり苦にならないものです。

　もちろん、全員が心から喜んで参加しているかといわれると、そうではないのかもしれません。しかし、会社全体でイベントを楽しむ雰囲気をつくり、その準備や運営も全員が協力しあって進めるようにしていけば、そのような一部の人たちも自然とその「渦」に引きこまれ、やがては「渦の中心」として、主体的に参加してくれるようになるものです。

学生　少し数字の話になりますが、前期の営業利益が少し下がっていたことについて、有価証券報告書をみると、販管費が大きく増えていたことがあるかと思います。その具体的な理由を教えていただけますか。

久芳会長　わかりました。"アナリスト"にお答えします（会場笑）。前期の販管費で大きく処理したものがあります。それは、通信機器事業の「のれん代」です。京セラは2008年に旧三洋電機の携帯電話部門の事業を承

継しましたが、その「のれん代」の減損をしています。

　「のれん代」は日本の会計基準では毎年ある一定の割合で償却していきますが、京セラはニューヨーク証券取引所にも上場していますので、アメリカの会計基準で処理しています。その基準では、年に一度、資産価値が毀損していないかどうかの判定を行います。前期、通信機器事業の業績が悪く、その前年も大きな収益をあげることができませんでした。そのため、将来にわたって大きな利益が出ないと評価し、「のれん代」を減損しました。それが、販管費が増えた最も大きな理由です。

学生　市場のニーズが変わることによって、要求される技術も変わってくると思います。たとえば先ほどの新商品だといままでのとは違ったかたちの商品になります。そうすると、いままで京セラさんが得意だったところではない部分も出てくると思いますが、その時にはたとえば社外リソースだとか、他社との提携だとか、積極的に考えていらっしゃるのでしょうか。

久芳会長　もちろん常に考えています。一社の経営リソースだけで事業展開することがむずかしい時代になっています。先ほども新製品開発に関してお話ししたように、ハードウェア技術のみならず、ソフトウェア技術も融合した商品・サービスが増えています。

　あるいは、今日はお話ししませんでしたが、自動車関連の事業の比率をもっと高めていこうと考えています。そのためには、新たな要素技術が必要となり、その迅速な調達のためには、外部リソースの活用が不可欠となります。

　そのようにして、いかに事業を伸ばすかということを、従来の枠組みにとらわれず、創造的に考え、事業を進めていくことに努めています。

学生　リーマンショックや震災のなかでほかの多くの企業が赤字経営になってしまったなかで、京セラさんは黒字経営をされたということですが、

何か具体的な取組みがありましたら教えてください。

久芳会長　いろいろなことに努めました。数えあげればきりがないのですが、全従業員が献身的に協力してくれました。

　リーマンショックで売上げが全社で2割ぐらい減りましたが、すべての事業で受注が落ちていたわけではありません。リーマンショックのなかでも忙しい部門もあったわけです。そこで、忙しくない部門から忙しい部門にシフトして働いていただくようお願いしました。工場の人たちは地域限定の勤務なのですが、会社のことを考え、慣れない土地での勤務を受け入れてくれました。

　また社員一人ひとりが持ち場立場で、あらゆる経費の削減に徹底して努めてくれました。私も海外出張は極力避け、電話ですませるようにしましたし、どうしても行かなくてはいけない場合はエコノミーにしました。そのような経費削減に向けた努力を、上から下まですべての社員が懸命に努めてくれました。

　これらは、社員全員が一丸となり、目標達成に懸命に努めていくという、京セラが創業以来培ってきた、素晴らしい組織風土があったからできたことです。このことが、リーマンショックにあっても、京セラが創業以来の黒字経営を続けることができた最大の要因であったと思います。

学生　京セラさんはコアの技術をもとに、どんどん多角化してきたと思うんですが、僕たち文系が就職すると、そういう技術を基本からは理解していないと思います。そこで、商品の企画とか売込みにあたって、文系の人に対する教育があったりするのか。もしくは文系の人は全然いなくて、理系のエンジニアの人が売り込んだり、新しい医療関係の技術を企画したりするのか。こういう点についてお聞きしたいです。

久芳会長　両方あります。文系の営業には、基本的な商品知識は教えますが、専門的な技術要件については、理系のエンジニアがフォローします。あ

第7章　京セラ　全従業員の物心両面の幸福を追求　185

るいは、いままでにない新しい製品などでは、セールスエンジニア、い
わゆる理系の人が営業になってやっているという例もあります。

　文系の人が中心になって営業活動を行っている分野もあります。たと
えば携帯電話を通信キャリアにご紹介するような営業活動は、携帯電話
についてはみんな理解していますから、特に理系の力を借りなくても、
文系だけでできることです。また、これから市場でどういうものが求め
られるかという、マーケティングや商品企画などは、文系の人中心で進
めていただいています。文系の皆さんでも何の心配もありません。活躍
の舞台はたくさんありますので、ぜひ京セラに来てください。

第 8 章

投資スタンスと
証券アナリストの役割

京都大学経営管理研究部 投資研究教育ユニット教授　　**川北　英隆**

株式投資に関するメディアの記事を斜め読みし、またハウツー本をちらっとみると、何か間違いがあると思えてしまう。これだけであれば、そもそも大きな期待はないので問題を感じない。しかし、株式投資を扱った論文においてさえ、読み始めた瞬間に違和感をもつことがあるのには、ある意味で落胆である。

　間違いがあると感じる理由は簡単である。投資のホライズン（投資収益を得るために目安となる期間）があいまいなままに記述や議論が進んでいるためである。長期的な投資なのか、短期なのか。この点を明確にしないまま、株式投資のあり方を述べたのでは、読者をおおいに混乱させてしまう。

　2014年にスチュワードシップ・コード（責任ある機関投資家の諸原則）が金融庁から公表され、15年にはコーポレートガバナンス・コード（企業統治の諸原則）が金融庁と東京証券取引所の共同で公表された。

　これらは長期の投資家と上場企業との望ましい関係を示したものと考えていいだろう。投資家側において重要な役割を果たすアナリストのあり方をスチュワードシップ・コードとして示している。同時に、アナリストへの対応のあり方をコーポレートガバナンス・コードが示している。

　ただし、二つのコードはいずれも「原則」であり、抽象的な方向感が書いてあるにすぎない。具体的な行動は、投資家やアナリストからするとある意味でノウハウであるし、企業からすれば経営そのものである。物まねすれば、それですんでしまうという簡単なものではない。

　この章では、株式投資のホライズンがいかに重要であるのかを簡単に確認した後、長期投資の立場から株式投資を考えてみたい。その後、長期投資において重要となる投資対象に関する分析と、実際に分析を行う証券アナリスト（以下、アナリスト）の役割とは何かを考えたい。同時にアナリストと向き合う企業のスタンスにも言及する。この点は、アナリストとスチュワードシップ・コードとの関係であり、さらには企業側とコーポレートガバナンス・コードとの関係でもある。

第 1 節　投資ホライズンと投資収益の関係

　株式投資の投資ホライズンを大別すると、二つある。一つは短期投資であり、もう一つは長期投資である。もちろん、その中間として、そこまで目標が明確でない投資（以下、中期投資）もありうる。

　最初に、各投資ホライズンの目安と、その投資から期待できる投資収益の水準を示しておくと、図表8－1のようになる。以下、この点を説明したい。

1　投資ホライズンの類型

　短期投資の典型は、数日での売買である。取引日の日中での売買で儲けようという投資もある。

　かつて証券会社の店頭に居座って売買していた個人投資家（セミプロ）が短期投資家の代表である。信用取引は、このセミプロたちのためにあるといえよう。現在では、パソコンでプログラムを組み、売買するデイトレーダーもいる。このデイトレーダー的な短期投資家の代表格が証券会社の自己売買である。HFT（high frequency trading、高頻度取引）もまた、短期投資の典型となってきた。

　一方、長期投資は5年とか10年とか、そういう長い期間、特定の企業の株式を持ち続けて儲けようという投資である。5年も10年も継続して株式を保有できる企業の数は多くない。

図表8－1　投資ホライズンと投資収益率（典型例）

	目標とする投資期間	類似の投資家全体の投資収益
長期投資	5年前後以上	プラスサム
短期投資	数秒～数日	ゼロサム
中期投資	－	マイナスサム

第8章　投資スタンスと証券アナリストの役割　189

長期投資には、個人であれば確信めいた直感が求められる。プロの投資家であれば直感だけではすまないから、投資しようとする企業の情報を長期投資の観点から分析し、さらには直接訪問して分析した結果の裏付けを得ないといけない。

　現実には、上で述べた短期と長期の間にも、多くの投資家がいる。この中期投資の投資家とは何なのか。多分、その多くは中途半端である。むしろ、そもそもの投資期間に関する目標がないか、あったとしてもあいまいだったから、結果として中期的な投資になってしまった場合が多いだろう。

2　投資ホライズンと投資収益率の関係

　投資ホライズンは、株式投資の期待投資収益率（投資を開始する時点において期待できる投資収益率）に大きな影響をもたらす。短期投資と長期投資の間には大きなギャップがあると結論できる。この点を確認しておきたい。

(1)　長期投資はプラスサム

　長期投資から考えたい。長期投資とは、上で述べたように、5年とか10年とかという期間、特定の企業の株式を持ち続ける投資である。

　確認しておくと、株式市場全体の値動きは企業の長期的な利益動向に左右される。図表8－2で示されるように、利益（図表では営業利益）が増加してきたから、市場全体の株価動向を示す東証株価指数（TOPIX）も上昇してきた。

　もう少し局面を分けて観察すると、1980年代の後半のようなバブル期や、その後から2000年頃にかけてのバブル崩壊期には、株価と企業利益水準の推移との間に大きな乖離が生じている。バブル期には利益の増加が緩やかだったのに株価が急伸し、バブル崩壊期には利益がわずかとはいえ増加傾向にあったのにもかかわらず、株価は下落していった。しかし、バブルの局面があったからこそバブル崩壊の局面があったといえる。この二つの局面をあわせれば、株式市場全体の値動きは企業の長期的な利益動向に左右されてきたのである。

図表 8 - 2　株価と企業利益の関係

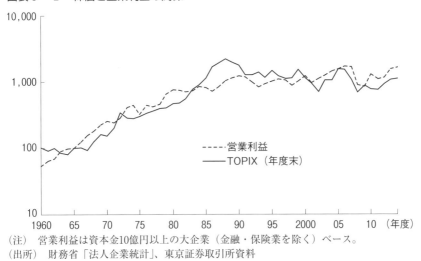

(注)　営業利益は資本金10億円以上の大企業（金融・保険業を除く）ベース。
(出所)　財務省「法人企業統計」、東京証券取引所資料

　では、企業の長期的な利益動向をどのように想定すればいいのか。
　素直に考えると、経済が成長すれば（国内総生産すなわち名目GDPが増加すれば）、企業利益も増加する。つまり、プラスの経済成長を予測するのであれば、株価は上昇すると予想できる。
　このため、長期投資家全体としては、経済成長に見合った投資収益を得ることになる。もちろん、個々の長期投資家が企業の選択を誤ってしまい、損失を被ることは否定できない。とはいえ、長期投資に耐える企業数が限定されていたとしても（現実にも限定されているが）、投資家全体としてはある程度の分散投資になっているから、経済成長に見合った投資収益が期待できる。
　まとめると、長期投資は「プラスサム」の投資となる。投資市場（投資する経済、日本なのかアメリカなのかというような選択）さえ間違えなければ、長期投資家全体として勝てる。
　(2)　短期投資はゼロサム
　短期投資はどうなのか。短期投資とは、株価の動きに乗じてすばやく売買

する投資であることに注意を払いたい。

短期投資の特徴の一つは、ポジション（買持ちか売持ちの大きさ）が短期間で大きく変動することにある。もう一つは、期間を少し長くとって平均すれば、大きなポジションを保有していないことにある。

たとえば証券会社は、自己資金を使い、短期的な売買によって利益を得ようとしている。しかし、統計で確認しても株式保有額は大きくない。証券会社の投資の目標は、回転率を高くして利益を稼ぐことである。

もう一つの例はデイトレーダーである。そのポジションは翌日に持ち越されない場合が多い。つまり、日本市場でデイトレードを行っている投資家にとって、マザーマーケットである日本での売買が不活発になる夜間に、売りであれ買いであれ、ポジションを残しておくことはリスクが大きすぎる。

たとえば、海外で重大なイベントが発生し、その影響がほぼ確実に日本全体もしくは特定の企業に波及するとしよう。しかし、その事実を知ったとしても、日本の夜間に大量の株式を売買することは不可能に近く、的確なポジション調整ができない。つまり、最初に述べたように、夜間のポジションはリスクである。

短期投資が平均して大きなポジションを形成していないことは、短期投資全体としての投資収益率が経済成長とあまり関係しないことを意味する。長期投資家のように、プラスサムではない。

少し見方を変えると、ある短期投資家が売買で得た利益は、他の短期投資家の損失となっている可能性が高い。短期的な市場のモーメンタムが継続して一定方向にある局面では、他の投資家の損失は確定していないだろうが、モーメンタムが反転した時、その損失が顕在化しうる。

まとめると、短期投資は「ゼロサム」の投資に近い。だれかの勝ちは、だれかの負けである。プラスの成果を達成するためには、自己流に緻密に投資を仕組むことが求められる。しかし、この緻密性を達成したからといって、他の投資家がより緻密であれば負けてしまう世界である。

なお、投資成果として負けの部分は、その一部を、次に述べる「短期も長

期も意識しない投資」に負わせている可能性があることを指摘しておきたい。

(3) 短期も長期も意識しないマイナスサムの投資

この節の最初で指摘したように、現実には短期でも長期でもない、数年タームの投資がありうる。また、長期投資を最初から意図していたわけでもないのに、結果として長期投資になることもある。後者の代表は、売るに売れない、いわゆる「塩漬け」投資である。

一口で表現すれば、この中途半端な投資は、投資として失敗したものが多いだろう。つまり、マイナスサムだろうと推測できる。

自分自身よりも投資がうまいと思えるだれかに勧められたので、もしくは証券会社に勧められたので、「小遣いが稼げる程度に値上りすれば売ろうかな」と思って買うのが典型例である。少しは値上りしたものの、期待していたほどの値上りではなかったので売りのチャンスを逸していたところ、その後に大きく値下りしてしまい、売れなくなる。勧められたのが長期投資に向いた企業であったのなら、いずれ儲けるチャンスがめぐってくるだろうが、多くの場合はどうでもいい企業が多いため、売るチャンスはなかなかめぐってこない。

一方、最初から1年か、せいぜい2〜3年（以下、数年としておく）を目指した投資というのも考えられる。問題は、この数年の投資期間がどのような結果をもたらすのかである。

この投資のタイムホライズンでは、実のところ景気の波に左右されてしまうだろう。おおよそ、過去の経験値として（現状の世界景気を述べているわけではないが）、景気の波が一巡するのに（ボトムから次のボトムに至るまで）約5年かかる。このため、数年のタイムホライズンであれば、景気の上昇期に投資するのか、下降期なのかにより、投資成果が大きく異なってしまう。

付言すると、景気の大きな波が上昇期にあったとしても、株価は一本調子には上昇しない。景気の勢い、すなわち景気の細かな波を敏感に反映して株価が形成される。このため、数年を意図した投資の成果は、この細かな景気

第8章 投資スタンスと証券アナリストの役割 193

の波に翻弄される。結局のところ、数年を意図した投資は中途半端であり、投資家全体としての投資成果はゼロサム近辺だろう。

　最初から数年を目指した投資はともかく、塩漬け投資であれ、売るチャンスを逃した投資であれ、本当のところは、乗換えを検討するのが合理的である。値下りした企業の株式を売るのは損失が確定して悔しいかもしれない。しかし、その株式を保有していたところで、値上りし、儲かるようになる可能性はどの程度のものなのだろうか。他の株式に乗り換えたとして、その乗り換えた株式の値上りのほうが高いかもしれない

　いずれにせよ、このような投資家の多くは負けている。当然、このような投資家を足し合わせても負けている。ということで、全体としてゼロサムというよりはマイナスサムの投資だと推測できる。このマイナスサムの部分は、短期投資の最後で指摘したように、結局のところ短期投資家の餌食として、もっていかれているかもしれない。

第 2 節　日本市場における長期投資の位置づけ

　長期投資はプラスサムの投資である。このことから、資金量があるのなら、よほど短期投資の腕前に（アルゴリズムと、売買の執行能力に）自信がない限り、長期投資のほうが投資ホライズンとして望ましい。

　とはいえ、むやみに長期投資を選択していいのか。また、長期投資の対象は何でもいいのか。この点を最初に考えておくべきだろう。長期投資の対象とする市場をどのように選択するのか、その選択した市場においてどのような企業を選ぶべきなのかという問題である。

1　株式市場を選ぶ

　最初に、ターゲットとする市場を選ばないといけない。理論的には簡単である。しかし、現実にはむずかしい。

先の図表 8 - 2 で示したように、ある国の株式市場全体の価格形成（日本の場合であればTOPIX）が、長期的には上場企業の利益を介して、その国の経済成長率に依存するのなら、長期的に経済成長率の高い国の市場を選ぶのが合理的な判断となる。理論的にはこれだけのことである。

　長期的な経済成長率を左右するのは、川北・奥野（2015）の第 1 章第 2 節で論じたように、人口（正確には労働力人口）の成長率、資本投入量（製造設備などの量）の成長率、技術進歩である。そこでの議論を簡単にまとめておくと、日本の場合、人口の減少が予測されるため、資本投入量にも多くを望むことはできない。技術進歩について、欧米よりも日本のほうが早いと評価することはひいき目すぎるし、新興国の技術上のキャッチアップも生じている。以上から、日本の今後の長期的な経済成長力は決して高くないと考えていい。

　それでは、どの国を選べばいいのか。この評価は非常にむずかしい。むずかしい理由として、二つの現実を指摘しておきたい。

　一つには、長期的な経済成長力を予測するためには、人口、資本、技術進歩だけではなく、その国における経済活動の安定性を加味しなければならないからである。経済活動の安定性は政治体制と法体系の安定性と言い換えることも可能である。

　平和な世界に暮らしてきた日本人にとって、政治体制や法体系が不安定な社会はあまりイメージできないかもしれない。そこで、ロシアや中国という大国であっても、これらの安定性が十分に確保できているわけでないことを思い起こせばいい。EUも、その経済的な統合という壮大な実験を行っているがゆえに、ギリシャを代表とする加盟国の問題で揺れ動いている。さらにはアフリカや中東からの難民問題を抱え、それがテロ事件を頻発させている。

　もう一つの現実として、企業活動がグローバル化していることを指摘できる。グローバル化の背景には世界的な経済レベルの向上と輸送手段の発達があるのも確かだが、それ以上に情報と通信技術の発達が重要である。後者の

第 8 章　投資スタンスと証券アナリストの役割　195

発達がグローバル化を一気に加速させた。

　特に、インターネットとその関連技術の発達は、2000年代に入って以降、企業活動のあり方はもちろん、新興国を含めた各国の経済活動にも大きな変化をもたらしている。だれもが豊富な情報を得られるようになったことから、マスコミ的な関心からすると、既存の政治体制を不安定化させている。

　この現実を、少し視点を変えて評価すれば、各国国民の居住地そのものが流動化しつつあることを意味するだろう。すなわち、人類の生活そのものが、従来の政治的産物としての制約だった国境をバーチャルに超えようとしている。新たな人類の大移動である。もちろん、情報技術の発達に人口の膨張が加わることで、リアルな意味での人類の大移動を引き起こしている。その象徴が難民や移民だと思わざるをえない。

　そうであるから、国境という制約の比較的少ない企業の活動がグローバル化するのは当然である。むしろ、地理的制約にとらわれることなく企業活動を構築することが望ましくなる。

　日本企業の現状に戻ると、2014年度決算において、東京証券取引所第一部上場の製造業では、海外売上高が50％を超えた。もはや、日本の製造業にとっての主戦場は海外である。非製造業も例外ではなく、海外企業をターゲットに積極的な企業買収を行うようになっている。

　以上からとりあえず導ける結論は、今後の株式投資において重要なのは、一つは、一国の（日本なら日本という国の）経済成長力ではなく、世界全体の経済成長力だということである。もう一つは、個々の企業のグローバルな展開力である。

　これに加え、次の二つの視点を補完的に考えるべきだろう。一つは、新興国においては、依然としてその国の経済成長力と、その国の経済のなかで力をもった企業の評価が重要なことである。もう一つ、技術開発力の観点では、今後も、個々の企業の母国が重要な役割を果たすのではないかと予想できることである。技術開発力は、よって立つ国や地域の文化や技術的土台に大きく左右されるからである。

これら補完的視点のうち、後者について理解するには、京都企業の事例が役に立つ。この点は川北・奥野（2015）第1章第4節で詳しく述べたので、ここでは繰り返さない。

2　企業を選ぶ

世界全体の経済成長力と、個々の企業のグローバルな展開力が重要だということは、言い換えるのなら、今後の日本市場を展望した場合、企業間の業績格差が拡大すると予想できることにほかならない。この予想を説明しておきたい。

川北・奥野（2015）第1章第2節で示したように、これまで、日本企業の業績格差は、名目経済成長率にきれいに反比例していた。ここでの業績格差とは、各年度決算での総資産営業利益率（ROA）のバラツキ（正確には、ROAの変動係数＝ROAの標準偏差／ROAの平均値）である。低成長になれば、この散らばりが大きくなり、業績のよい企業と悪い企業とのROAの差が広がる。

日本の成長力が低いことは前の節でまとめた。そうだとすれば、上の事実は、今後とも企業間格差が大きいことを示唆している。

これだけではない。今後は、海外での展開力の差異が企業間格差をもたらしかねない。

日本の国内市場は過当競争だとされる。主要な企業経営者が異口同音にそう評している。政府、メインバンクなどの、ある意味で過当な支援があったから、経営的に劣位にある企業も多くは淘汰されず、生き残ってきた。この結果、一つの市場に多くの企業が群がり、過当な競争が続いている。業界トップの企業でさえ十分な利益率を確保できていない。

これを受け、力のある企業は海外市場に目を転じ、海外での事業展開から利益を稼いでいる。この事実を確認したいのだが、残念ながら日本企業の海外子会社の利益率を正確に把握する手段がない。

そこで、日経NEEDSのデータを用いて、各年度の連結決算と単体決算で

図表8－3　連結と単体決算のROA比較（％）

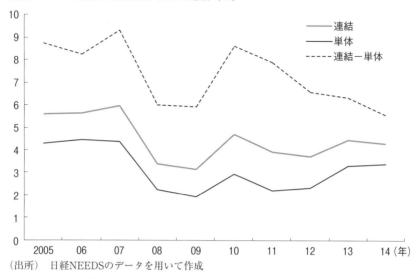

（出所）　日経NEEDSのデータを用いて作成

のROAを比較してみた（図表8－3）。日本の場合、連結と単体の差の多くは、連結対象である海外子会社によって生じると考えられるからである。特に、持ち株会社形式の上場企業が少なかった過去の決算において、海外子会社の影響がより大きいだろう。

図表8－3によれば、単体のROAは連結よりも低い。単体のROAは、足元（2012年以降）の円安の効果から上昇している。一方、単体除き（連結−単体）企業ベースのROAは、積極的な海外進出や設備投資、足元における現地通貨高の影響があると考えられるため、低下している。とはいえ、単体除きのROAは依然として単体よりも高い。

ここで指摘したような企業間の格差をもたらすものは、端的にいえば経営力である。事業そのものをどの方向に、どのようなスピード感でもっていくのか、アクセルとナビゲーションの力である。

高度成長期であれば、どのような経営をしたとしても、日本経済全体が成長していたから、よほど下手な経営でない限り売上高が増加し、それに伴っ

て相応の利益を計上することができた。このような良好な経済状況があったから、また製造技術にしても欧米という手本があったから、同業他社が雨後の筍のように登場したのである。現在では、中国経済が典型だろう。

しかし、経済成長力が低下していくと、企業間の経営力の差が歴然と表れる。低速での自転車の運転がむずかしいのと同じである。

経営力とは、次のことを想定し、対処する力だろう。

事業としての製品（サービスを含む）を何にするのか。生産拠点をどこにするのか。販売市場や方法をどうするのか。これらの想定において、製品の利益率は十二分なのかどうか。さらには、予定した利益が得られた場合、いずれ参入しようと試みる企業が登場するだろうから、その時のためにどのような参入障壁を設けておく（もしくは、準備しておく）ことが必要なのか。もちろん、一連の計画が予定したとおりに進まなかった場合も想定し、体力が十分にあるのか、途中での逃げ道があるのか（エスケープルートを想定しておくこと）なども必要である。

以上で述べたことを経営の現場で考え、決断し、実行に移し、しかも成功させていく真の企業経営者は多くない。長期間勝ち続けている企業が多くないことからの結論でもある。

長期の投資家として考えないといけないのは、まず、このような真の経営者が何人いるのかである。次に、将来に向かって、このような真の経営者をいかにして選別して、その経営者のいる企業に投資するのかである。

3　長期投資家にとっての重要な目線

長期の投資家として留意すべきなのは、いずれにせよ企業間格差が大きい状態が続くことである。これまで、日本市場を想定として述べてきたが、グローバル化の議論で明らかなように、ここで示したことは日本企業に限定されない。グローバル化の進展を考えれば、企業間格差は、多かれ少なかれ日本以外の国でも拡大すると考えて間違いない。

では長期の投資家として何をすべきなのか、整理しておきたい。

第一に、企業間格差の拡大の可能性が高いということは、上手に企業を選別できるのなら、投資収益率をあげられることを意味している。投資スタンスを再考し、長期投資を目標にすることで大きなチャンスが生まれることに通じる。反面教師として確認しておかなければならないのは、TOPIXのような何でもかんでも組み入れられているインデックスから離れる必要性である。この点は川北・奥野（2015）において、さまざまな視点から確認した。

　第二に、グローバルに活躍できる企業を選択することの重要性である。結局のところ、グローバルな企業間競争に勝ち抜ける企業は世界的にも多くない。目を日本企業に向けると、このグローバルな基準から投資対象として選別される企業は限定される。言い換えるのなら、グローバル化の時代における株式というアセットクラスにおいて、日本もアメリカも中国もないことを意味するにすぎない。

　第三に、これまで明確に述べなかったものの、長期投資といえども常に経済や政治環境、技術環境の変化に注目すべきということである。投資した当初は長期に保有するつもりであったとしても、投資環境が変化し、その変化に投資先企業が十分に対応できていないと評価するのなら、保有してきた株式を即座に売却しなければならない。売却か否かの判断は、投資先企業の具体的な意思決定の観察と、それに対する投資家自身の評価を基準にすべきである。

第 3 節　アナリストの役割と企業との対話

　長期投資家は企業を選別し、投資をし、その後も企業をフォローしていく。この一連のプロセスにおいて重要な役割を果たすのがアナリストである。この節では、長期投資の立場から、アナリストに求められる機能と、その機能の遂行に必要な具体的な能力や行動を考えたい。一種の理想のアナリスト像の提示である。以下、この節におけるアナリストとは、長期投資に関

与するアナリストのこととしておく。いわゆるバイサイド（投資家）のアナリストのうち、長期投資に重点を置いたアナリストとなる。

ただし、ここで示すアナリスト像が実現しているのかといえば、正直なところ、依然として試行錯誤の状態にあると表現していい。日本市場では、長い間、本当の意味での長期投資家が不在に近かった。長期投資に再び注目が集まるようになったのはつい最近である。それだけに、長期投資におけるアナリストの機能が何なのか、日本市場において認識の一致をみていないのが現実だろう。

1　長期投資家のためのアナリストとしての基本的役割

最初に、長期投資において、アナリストが証券投資に果たす基本的な役割を確認しておきたい。その役割を確認することで、アナリストとして求められる知識や能力がおおよそイメージできるだろう。

アナリストの役割とは何か。

これを説明するには、外部からのお門違いともいえる期待を例示するのが手っ取り早いだろう。広い意味で証券投資に関する事柄ではあるものの、アナリストの本来の役割とは関係が薄いことに期待を寄せてしまうことである。

まず、（1カ月間程度という期間の意味だが）明日、上がる企業の株式を推奨することである。これと似ているが、明日、特定の企業の株価が上がるかどうかを予測することである。さらに、株価推移の特徴を言い当てること、すなわちチャーチスト（株価推移を図示したものをチャートと呼ぶが、チャーチストとは、そのチャートの特徴から明日の株価を予想できるとする専門家）としての役割を果たすことである。よくある間違いの事例はこんなところか。

また、これらの間違いに比較的近い期待もある。アナリストに、ある企業の今四半期の業績を当ててほしいと期待することである。もちろん、アナリストに対して今四半期の業績を無視しろというわけではない。しかし、今四半期の業績は、その企業のもう少し長い（少なくとも1年とか2年とかの）流

第8章　投資スタンスと証券アナリストの役割　201

れのなかでの四半期でしかない。換言すれば、四半期業績の予想と分析は、長期にわたる業績予想からの副産物である。その副産物に重点を置くのは本末転倒だろう。

　さて、アナリストには受け持つ企業群や業種がある。それを前提としたアナリストの役割の基本は、分析対象とする企業に関して、将来にわたり、その企業の事業活動がもたらす業績の推移を分析し、企業への投資価値を評価し（妥当価格をずばり計算するのではなく、現時点で投資対象となりうるかどうかを判断し）、これらの結果を投資家内部（会社のファンドマネージャーなど）に説明することである。

　この基本的な役割を遂行するには、単純に企業や業種に関する情報を集め、分析するだけでは足りない。周辺知識が求められる。主なものをあげると、次のとおりである。

　一つ目は、長期的な経済環境や社会動向を評価し、判断できることである。日本経済が欧米に比べて優位にある部分、劣位にある部分は何なのか。グローバルな経済がどの方向に動こうとしているのか。このグローバルな経済の流れにリスク（予期できない大きな変化）があるとすれば、何なのか。これらは、技術、金融、人口、地理、政治などの多様な観点からの評価である。また、日本の潜在成長力がどの程度のものなのか。さらには、もう少し短いタームにおいて、現在の内外の景気の状況がどうであるのか。今後はよくなるのか、悪くなるのか。以上は例示である。

　もちろん、アナリストはエコノミストや未来の予測者ではないから、こと細かな部分まで語れる必要はない。全体の流れを把握し、それが業界や企業に与える影響を把握できれば、ほぼ十分である。

　二つ目は、株価動向である。現在の市場全体の株価が低いのか高いのか、アナリストとしての見解がなければいけない。

　この点は、長期投資に関するアナリストの役割から少し離れている。しかし、企業を訪問したとき、市場の見通しを聞かれるのは普通である。そのときに、一定の見識を示さないと、株式投資の専門家とみなされない危惧が生

じる。また、株価の位置を客観的に評価することは、経済動向を評価することにつながる。

そのほか、少し余談的になるが、著名なアナリストは独自というか、経済事象や社会事象に関して趣味に近い領域をもっている。たとえば、街角経済だったり、各国の歴史だったりする。その領域の議論になると、筆者の経験では、なかなか太刀打ちできない。それが企業との対話においてジャブとなりうる。同時に、その得意領域の知識や感性に基づき、世の中の動向を推測しているように感じられる。

2　アナリストの機能とは

アナリストとして期待される本来の機能は企業分析である。このアナリストの機能をもう少し分解し、考えてみたい。

以下で示すアナリストの機能をあらかじめ整理しておくと、図表8－4のとおりである。

なお、この機能に関する記述は筆者の経験をベースにしたものであり、これが普遍的だとは考えていないことをあらかじめ断っておく。

図表8－4　アナリストの機能

1　基本的なコンセプトの設計
2　投資可能なユニバースの確定
3　社会や経済全体のなかでの位置づけ
4　企業の経営的な特徴、沿革
5　業界もしくは経済における企業の位置
6　長期的な業績の分析と評価
7　経営の目標とプロセス
8　競争力の分析、業界の将来に関する分析
9　リスクの所在と対応力
10　企業訪問と意見交換
11　長期投資の可否判断
12　株価の位置

第8章　投資スタンスと証券アナリストの役割　203

(1) 基本的なコンセプトの設計

　最初に長期投資家として行うことは、長期投資可能な企業を抽出するうえでの基本コンセプトを設計し、傘下のアナリストに示すことである。この機能は個々のアナリストの役割ではなく、投資家自身がノウハウとしてもつべきものである。とはいえ、個々のアナリストの機能発揮に大きな影響を与えることも確かである。

　組織がコンパクトであり、アナリストが一人である場合や、法人としての投資家の経営者がアナリストであるとしても、同じことである。要は、どのような視点で投資対象を選び出すのか、具体的な定義、手順、判断基準などをきちんと設定しておかないと、調査、分析、判断が、その時々の気分に左右されてしまいかねない。このため、ファンドを組成したとしても、そのファンドに全体としての整合性が欠如してしまう。

(2) 投資可能なユニバースの確定

　企業分析を担当しているアナリストとして最初にやるべきことは、長期投資の可能性のある企業群、すなわち分析ユニバースを決めることである。このユニバースにおいて、各企業の情報をより詳細に集め、分析し、その結果とし長期投資の対象企業を抽出、推奨することになる。

　このユニバースの決定には、二つの方法がありえよう。

　一つはユニバースが外生的に与えられる方法である。「原則としてJPX日経400に選定された企業から」というのが一例だろう。JPX日経400は東京証券取引所と日本経済新聞社が共同で選んだ400企業であり、「優れた企業」である可能性を有している。電気機械のアナリストであれば、そのなかから電気機械に業種分類される企業を自分のユニバースとすることになる。アナリストは、そのユニバースから、長期投資可能な企業を抽出する。このユニバースの決定方式では、アナリストの意見があまり反映されないかもしれないが、提示されたユニバースを多少拡充したいとの提案は現実的だろう。

　もう一つは、大雑把な範囲だけが外生的に与えられる方法である。たとえば、東京証券取引所第一部市場上場企業からユニバースを決めてほしいとい

う与えられ方である。この大雑把な企業群から、アナリストがもう少し範囲を絞り込み、ユニバースを決めることになる。というのも、与えられた大雑把な範囲をそのままユニバースとしたのでは、あまりにも企業数が多くなり、詳細な分析の障害になってしまうからである。

　大雑把な範囲から企業を絞り込むには、これだけは絶対に満たしていなければならないという指標（一例として、長期的な利益率に関する指標や、ファンドの性質に応じた企業規模など）を設定し、スクリーニングする方法が考えられる。

(3)　社会や経済全体のなかでの位置づけ

　長期投資の観点から、アナリストが対象とする業界や企業の社会的、マクロ経済的な位置づけを把握、確認しておくことが重要である。

　たとえば、対象企業の事業におけるホームマーケット（日本企業であれば日本市場）の動向をまず把握することで、それが企業に与える影響や企業の対応状況などを調査し、分析することになる。人口動態、技術革新の流れ、さまざまな制度の動向も同様である。これらのベースがあってはじめて、長期的かつ客観的に、投資対象としての企業を評価するベースができあがる。

(4)　企業の経営的な特徴、沿革

　企業には扱う製品（サービスを含む）や財務内容などの具体的に把握可能な特徴以外に、把握できない特徴もある。組織や人材などの経営的特徴である。

　たとえば、同じような製品を扱っていても、営業利益率が大きく異なっていたりする。もう少し範囲を広げ、同じ業種に属する企業を比較すれば、利益率は千差万別と表現していいだろう。一口で表現すれば、よい企業とだめな企業が混在している。この差を生み出すのは経営であり、歴史が蓄積することで形成されてきた企業文化である。

　この企業文化を変えるには非常な努力と時間が必要となる。この結果、よい企業は今後ともよい企業のままで存続する可能性が高いし、逆にだめな企業はだめなままでいると考えて大きな間違いはない。もちろん、そう決めつ

第8章　投資スタンスと証券アナリストの役割　205

けることは危険であり、これまでの企業文化を変える力が働いているのかどうか、十分に注意を払う必要がある。

経営的特徴に関して参考になるのが、企業の沿革である。有価証券報告書に記載されているし、ホームページに写真入りで掲載されていることもある。沿革は企業の出自であり、成長の記録である。それを知る一方で、いまの経営を知り、両者を比較することで、経営の質と位置づけ、経営の変化の方向、変化をもたらしてきた力などを知ることも可能となる。

⑸ 業界もしくは経済における企業の位置

次に、現時点における企業の位置を知らなければならない。

企業の位置とは、通常の企業の場合は業界における地位である。その地位がどのように変化してきたのか、地位の変化をもたらした背景に何があるのか。さらには今後、どのような変化が考えられるのか。これらを把握し、評価しなければならない。

当然、企業と業界の関係だけではなく、企業が属している業界自身の経済における位置づけや役割も把握しなければならない。ここでの業界とは、内外の同業他社の場合もあるだろうし、より広範な視点での業界（パソコンであれば、その組み立てメーカーだけではなく、部品、ソフト、コンテンツ、インターネットなどを含んだ業界）の場合もあるだろう。多用な角度から企業を観察するスタンスでもある。

マクロ経済的に重要な企業であれば、たとえば公共的な役割が高いので独占的な地位を与えられているとか、現時点において非常に競争力が強くて追随する企業が多くない場合に、当該企業が経済の特定分野に対して果たしている役割と、その社会的な分野および変化の可能性などが重要となる。

独占に関する代表的な事例は電力業界やガス業界だろう。かつての金融機関もそれに近い。地域独占的な地位が与えられていたり、制度によって高い参入障壁が設けられていたりした。長期投資においては、その独占的な地位が、可能性として、いつ、どのように崩れるのかを考えておく必要性が高い。

⑹　長期的な業績の分析と評価

　長期投資であれば、長期間のデータに基づいて、過去の企業業績を分析するのは当然である。売上高の成長率、利益率（売上高営業利益率、総資本営業利益率、ROICなど）、そして資本構成が基本的な分析項目となる。なお、ROIC（return on invested capital、投下資本利益率）は通常の場合、「投下資本当りの税引後営業利益率」でほぼ代替できる。

　注意したいのは、いま人気のROE（return on equity、株主資本利益率）に大きな意味がないことである。ROEの分子である当期純利益は、営業利益から金利と税金を支払った残余すなわち結果でしかないことと、投資家全体からみた企業の収益力は営業利益から税金を（正確には金利支払に関する税効果を加味しない税額を）控除した税引後営業利益すなわち上記のROICの分子で計測すべきだということである。

　分析していくと、長期の企業業績の推移をいくつかの期間に分ける必要性が生じることが多い。企業のステージが変化した証拠かもしれない。そのステージごとに何が起こったのかを調べることで、分析対象企業の特徴がより鮮明になるだろう。また、現在の企業業績に対して客観的な位置づけを与えることもできる。たとえば、現在の利益率が企業自身の実力として高いのか低いのか、景気動向に左右された結果なのか、トレンドとして上昇もしくは下降しているのか、トレンドがあるのならその理由は何か、このような評価である。

⑺　経営の目標とプロセス

　分析対象企業の置かれた現時点での位置をさまざまな角度から把握し、業績の分析も終えたなら、次は将来が問題になる。まず必要なのは、企業の意思を確認する作業である。

　企業自身が現時点での位置をどのように評価し、その結果として何を課題だと認識し、その課題にどのように対処しようとしているのかである。多くの企業は中長期の事業計画を策定しているし、その一部が公表されていることも多い。

重要なのは、その目標ではない。現状認識がどのようになっているのか、それに基づいて掲げた将来の目標をどのようなプロセスを経て達成しようと計画しているのかである。プロセスがわからなければ、目標達成が可能かどうかも評価できないし、目標は紙に書いただけのものであり、「新年の誓い」と大差ない可能性が高い。

(8) 競争力の分析、業界の将来に関する分析

先に述べた「業界もしくは経済における企業の位置」が過去に重点を置いたものだとすれば、「競争力の分析、業界の将来に関する分析」は将来に重点がある。本章では分析を順序立てて示すため、この二つをあえて分けて書いたが、実務的には一体のものとして分析されるだろう。

中長期の事業計画が達成可能かどうかを分析するうえで、分析対象企業の競争力や、業界全体の将来像をどのように描くのかがポイントとなる。将来のことなので、最善、普通、最悪など、いくつかのシナリオを設定するのが標準的な方法となってくる。

(9) リスクの所在と対応力

企業の将来をある程度描いたとしても、現実の社会や経済はなんらかの事件を契機として大きく変化してしまう。この可能性、いわゆるリスク要素を十分意識し、分析しておくことが重要である。リスクには、社会や経済全体を揺り動かすものから、分析対象企業や業界にだけ大きな影響を与えるものまで、さまざまな段階がある。

企業として、どのようなリスクに直面しうるのか、この想定は当然行う必要がある。さらに想定したリスクに直面したとして、企業がどのような影響を受けるのか、その影響に企業はどのように対処しようとしているのか、また、その影響に耐えられるのか。これらをイメージしておき、ある場合には数値計算を行い、リスクに関する具体的な分析としなければならない。

(10) 企業訪問と意見交換

以上で述べた分析は公開された情報に基づくものであるし、アナリストの頭のなかでの作業である。本当に長期投資するに値するのかどうかを判断す

るには、企業から直接情報を得ることにより、分析の確度を高めないといけない。いわゆる企業との対話である。

　企業経営者に会い、分析のプロセスにおいて出てきた未確認事項、疑問点、さらには分析から得られたとりあえずの結果などを直接ぶつけてみることが望ましい。「多忙につき」という理由で経営者に会ってもらえないこともあるだろうが、その場合でもIR（investor relations、投資家向け広報）の担当者に会うだけでもいいから企業を訪問することである。企業の雰囲気を感じるだけでも貴重だからである。他の企業との雰囲気の違いに何かが秘められているかもしれないし、受付、入退出管理、廊下、応接室などにもヒントがあるかもしれない。トイレが重要だとの見解もあるが、こればかりは会社を訪問していきなりトイレはむずかしいだろう。

　経営者やIR担当者に会ったとして、もう一つポイントがある。それは、一方的に質問しないことである。質問しつつも、相手の回答に関してアナリストとしての意見や感想を述べ、さらには他の調査や分析によって得られた客観的な事実を相手に示すことである。意見交換である。

　つまり、企業を訪問し、時間を割いてもらっているのだから、なんらかの対価の支払というかお土産情報を提供するのが礼儀ともいえる。この礼儀を尽くさないことには、二度と会ってもらえないだろう。会ってもらえたとしても、誠意をもって対応してもらえないだろう。

⑾　**長期投資の可否判断**

　最後に、長期投資に値する企業かどうかの判断を行う。多くの場合（経験に基づくと）、分析の初期の段階で、ある程度の結論を下していることが多い。しかし、そのとりあえずの結論と逆の結果を示唆する事実や事象がないかどうか、その後の分析においても十分注意を払い、客観性を保つ必要がある。

　長期投資が可能な企業だと判断できたとしても、実際のところは、そう判断した企業のすべてに投資できるわけではない。資金量、投資ファンド全体としてのバランスなど、いろいろな制約がありうる。そこで、長期投資が可

第8章　投資スタンスと証券アナリストの役割　209

能だとした企業に点数を付与するか、魅力度に基づいて順番をつけておくことが現実的である。

⑿　株価の位置

　アナリストの本来の役割は投資対象としての企業の分析であり、株価の分析ではない。とはいえ、分析対象とした企業について、長期投資の可否を構成する要素が現実の株価にどの程度反映されているのかは、実際に企業を分析したアナリストでないと認識できないことが多い。言い換えれば、アナリストとして分析した結果に、オリジナリティーがどの程度あるのか（つまり、市場が見落としたり無視したりしている材料がどの程度あるのか）を評価する作業も必要となる。

　他の投資家も同じような分析を行っていて、それが株価に十分織り込まれているのなら、その企業に投資しても大きな成果は得られないだろう。逆に、分析結果が多分にオリジナルなものであるのなら、大きな成果が期待できる。

　また、必ずしもオリジナルな情報ではなく、どの投資家も感づいているが、市場で影響力を有しているファンドの性質や制約などから、その情報が株価に一部しか織り込まれていない場合もありうる。この場合も、投資成果が期待できる。日本のように、長期投資家が、それもプロの長期投資家が少ない市場では、株価形成が長期の情報に基づいて形成されていない可能性が高い。

　アナリストとして行うべき株価分析は、以上のようなものだろう。

3　議決権行使とアナリストの役割

　株主総会における議決権の行使とは何なのか。株主総会における企業側の議案とは、経営方針そのものか、経営方針に基づいた結果や意思決定（業績や配当政策など）であったり、経営方針に大きな影響を与えるもの（取締役の選任や企業買収など）であったりする。このため、株主総会における賛否は、現在から将来にかけての経営方針に対する賛否にほかならない。株主総会で

の企業側の議案に賛否を表明するには、株主総会時点での企業の経営方針や、その経営方針を支える手段を理解していれば、ほぼ必要十分である。株主提案への賛否も同様である。

　言い換えれば、株主総会招集通知に同封されている議案書を読むだけで、その議案への賛否を判断できない。ましてやシステム的に一定の閾値を設け、○や×をつけたのでは、その行為はノイズにしかならない。

　逆に、その閾値を意識して企業側が行動したのなら、その企業経営には経営方針が欠如しているといわざるをえない。投資家の基準にあわせて企業が行動してしまう危惧は、大手の投資家が賛否のための数値基準を公表していることから、高まってきている。

　議決権行使に戻ると、本来の手続を踏んで賛否を表明するには、日頃から企業を分析していることが求められる。企業の経営方針を確認するため、定期的に訪問し、意見交換することも必要になる。つまり、議決権行使は日頃のアナリスト活動の集積である。定時株主総会での議決権行使は、1年間のアナリスト活動から得られた評価を企業側に○×で報告する行為と考えていいだろう。

　付言しておくと、議決権行使は日頃のアナリスト活動の集積であるから、きちんと企業を分析し、意見交換を重ねているとそれほど時間がかからないはずである。また、×をつけるケースとは、日頃から意見交換しているにもかかわらず、企業が投資家の意見を無視して経営者など特定の関係者の利益だけを図っており、そこに合理的理由が欠如していると考えざるをえない場合である。

　さらに、このような企業の非合理的な対応が続けば、当然のことではあるが、アナリストとしてその企業の株式の売却を提案することになる。長期投資の場合はなおさらだろう。

第8章　投資スタンスと証券アナリストの役割　211

第 4 節　スチュワードシップ・コード、コーポレートガバナンス・コード

2014年2月に日本版スチュワードシップ・コード（責任ある機関投資家の諸原則）が、15年3月にコーポレートガバナンス・コード（副題：会社の持続的な成長と中長期的な企業価値の向上のために）が公表された。これに伴い、機関投資家と企業はそれぞれ、コードへの対応を公表している。

本章の目的は、この二つのコードを説明することではない。一方、この二つのコードが必要十分なものになっているのかどうか、疑問とする点もある。とはいえ、コードの基本精神は非常に重要である。

そこで、どの点が重要なのか、長期投資の視点を中心に、ポイントだけを紹介できればと思う。

なお、スチュワードシップ・コードは機関投資家（投資運用会社、年金基金、保険会社など）を対象に示されている。コーポレートガバナンス・コードは企業を対象としている。現実には、投資家は企業に投資をしており、企業としての重要なステークホルダー（利害関係者）は投資家であるから、二つのコードは表裏一体に近い。この点はすでに幅広く理解されている。

1　コンプライするのかエクスプレインするのか

二つのコードは、守らないといけない規則を列挙したものではない。つまり、法律とは異なる。個々の投資家や企業は、コード全体に流れている精神にのっとり、コードに書かれているいくつかの原則に従うのか（コンプライするのか）、なんらかの合理的な理由に基づいて原則以外の方針を設定するのか（エクスプレインするのか）、選択肢を与えられている。

コードに書かれた原則の多くは、投資家と企業にとって、それぞれの行動原理や経営方針に関係する重要な項目である。それゆえに、コードの有無にかかわらず、従来から、なんらかの考え方を独自にもっていたとしても当然である。少なくとも大手の投資家や企業の経営者であれば、コードで与えら

れた選択肢に即座に回答できるはずと考えていい。もちろん、文章で示すにはそれなりの時間を要するだろうが。

コードに選択肢が与えられていることは何を意味するのか。それは、投資家や企業の多様性を認める、もしくは促進するとの意図だろう。

よく考えてみれば、原則としてのコードを示さないことには、まともな投資家や企業が絶滅危惧種になる状態と、合理的なという意味での多様性の確保との間に非常に大きなギャップがある。しかし、原則としてのコードが示されたことによって合理的な多様性への手がかりができたのだと考えれば、コードを前向きに評価することが可能となる。

2　対話とエンゲージメント

二つのコードには「投資家と企業との対話」が登場する。また、スチュワードシップ・コードではエンゲージメント、すなわち投資家による企業との建設的な「目的をもった対話」という用語も登場する。コーポレートガバナンス・コードにはエンゲージメントという用語は登場しないが、やはり（企業と投資家の間での）建設的な対話という言葉が登場する。

それでは、投資家と企業との対話とは何であり、対話がどういう意味をもつのだろうか。また、普通の対話と建設的な対話の間にどのような差異があるのだろうか。

投資家として、企業経営者や担当者に会い、質問し、意見交換することを単純な対話としておこう。この対話は、そもそもは経営の状況や方針を確認するか、変化の有無を見つけるための手段である。変化があれば、もしくは変化の兆候をつかんだのなら、その背景と変化の方向や確度を把握しなければならない。

また、投資家としての対話にはもう一つの目的がある。経営者の資質を見極めることである。見極めるとの表現は不遜だろうが、投資家として、この企業の株式を買っていいのか、保有を続けていいのか、この大事な判断材料を得るために、経営者の大局観、経営方針、度量、才能などを投資家なりに

評価するのである。アナリストとして多くの経営者に会えば、経営者それぞれの個性が理解できるようになる。そのいろいろな個性を比較すれば、経営者の資質の水準もある程度評価できるようになる。

　以上はエンゲージメントではない。しかし、優れたアナリストであれば、経営者と意見交換する過程において、経営に対して具体的な示唆を与えることもあろう。内部留保政策（その裏面としての配当政策）がいちばん簡単かもしれない。海外展開に対する示唆もあるだろう。外部人材に対して、企業側から意見を求められることもありうる。

　企業は、このアナリストの示唆をベースに、もう少し深い議論をしたいと考えるかもしれないし、「でもね」ということで、アナリストの意見とは異なった解釈や見解を示すかもしれない。この意見交換の結果は、企業の立場からは「なるほど」「参考にさせてもらう」「ご意見として承る」など、千差万別だろう。とはいえ、アナリストとしては、企業のスタンスを十分確認できるという意味で、大きな成果が得られるはずである。

　これに対してエンゲージメントの場合、アナリストにとってみれば、企業との意見交換は第一ステージでしかない。まず意見交換を行い、企業の潜在的能力や実情を深く知ることになる。そのうえで、より具体的な提案を行うことになるが、その提案をすぐさま企業が受け入れることはないだろう。

　むしろ、企業が完全に拒否に近いスタンスの場合もありえる。この場合は提案の実現を諦めないと仕方ない。もしも諦めなければ、建設的な対話というよりも、敵対的な対話になってしまうからである。提案を諦めた後、投資家としてどうするのか（株式を売却するのか、保有を続けながらエンゲージメントを行うチャンスを待つのか）は、ファンドの規模や性格などに依存するだろう。

　多少なりとも企業が提案に対して乗り気になれば、企業とアナリストが何度も話し合い、すり合わせを行う。最終的に合意に達したなら、合意内容を経営に反映させる。さらには、対外的にIRとしての公表を行う。以上により、一つのエンゲージメントが完了する。

3 投資家を選ぶ

　長期投資とは、投資家が企業を選ぶ行為である。短期投資の場合、どんな株でも価格変動さえあればいいわけで、投資家が企業を選ぶ側面は薄れてしまう。

　では逆に、企業は投資家を選べない（選んではいけない）のだろうか。実は企業も投資家を選んでいる。また二つのコードは投資家を選ぶことを促進していると考えていいだろう。この点を少しだけ説明しておく。

　たとえば株主優待制度は、個人投資家を優遇することにより、できるだけ個人投資家を増やしたいという意図に基づいて導入されるから、投資家を選ぶ行為である。この場合、企業が選ぼうとしている個人投資家は、信用取引を多用する投資家ではなく、またデイトレーダーでもなく、長期の投資家である。とはいえ、長期に保有する個人投資家はプロの投資家ではない。この点に物足りなさがある。

　これに対してIRの多くは、ある程度長期的に株式を保有してくれるプロの投資家を募る行動である。企業が選びたいと考えている投資家は、少なくとも短期投資家ではない。それでは、望むような投資家、特に長期投資家が登場するのかといえば、それは企業自身の魅力度と、IRの質的内容（企業やその経営が有している魅力を外部に十分に伝えられたかどうか）に依存する。

　IRをより発展させたものが個別の投資家との対話である。対話することで、IRでは伝えきれなかった企業の魅力度を投資家に知ってもらうことになる。さらには、投資家からの示唆を受けて経営をチューニングし、魅力度を高めることも可能になる。この意味で、対話も投資家を選ぶ行為である。もちろん、対話をさらに進めたエンゲージメントは積極的に投資家を選ぶ行為でもある。

　以上のように、二つのコードに基づくと、投資家はもちろん、企業も投資家を選ぶことになる。企業としては長期投資家だけを選ぶことにはならないだろう。とはいえ、長期投資家の割合を増やす力として働くことは確かであ

る。

4　社外役員の機能と投資家の関係

　企業が投資家と対話することに、そもそも何の意義があるのだろうか。

　企業にはさまざまなステークホルダーがいて、企業に多様な注文をつけて
くる。企業はそれらの声を聞き、選択し、対応する。その声は、企業経営を
正しい方向に導くものとなりうる。変な声もあるだろうが、声は声であり、
なんらかの世の中の動きを反映している。だから、その声に応えることを拒
否したとしても、社会の動きを理解し、またなんらかの判断を下したことに
なる。

　コーポレートガバナンス・コードは社外取締役を重視している。社外取締
役が期待されている役割を果たしうるのかどうかは、社外取締役自身の能力
だけに依存するものではない。社外取締役に対し、企業がどの程度の客観的
な情報を与えるのか、社外取締役が企業に関する情報を独自にどの程度入手
できるのかにも大きく左右される。

　この社内情報の入手可能性は、形式的な企業組織（監査役会設置会社、指
名委員会等設置会社、監査等委員会設置会社）とは別物である。実質的な組織
の風通しのよさから判断しなければならない。そうでないならば、指名委員
会等設置会社という先進的な組織を形式上導入していた東芝に、2015年のよ
うな業績操作事件は発生しない。

　コーポレートガバナンス・コードが社外取締役に対して期待するのは、客
観的な意見の表明である。この点において、社外監査役にも同様の期待があ
るだろう。

　この両者を社外役員と呼ぶのなら、社外役員は客観的な意見を表明するこ
とで、企業経営をナビゲーションの立場から助け、時にはブレーキを踏む。
経営陣に期待される第一義的な役割が、事業組織というエンジンを動かすア
クセルと、舵をとるハンドルにあることは明白だろう。このため、経営陣と
社外役員を組み合わせることで、比喩的に表現すれば、自動車として完結す

る。もう少しいえば、普通車には普通車並みの、スポーツカーにはスポーツカー並みの性能を有したエンジン、アクセル、ハンドル、ブレーキ、ナビゲーションが必要となる。

　ここで強調しておきたいのは、社外役員に期待されている機能は、アナリストの機能に相通じることである。アナリストは客観的に企業を観察し、評価し、時には企業に対して意見を述べ、議論する。企業とすれば、社外役員だけでなく、よりたくさんの専門家の目で事業と経営を観察してもらい、適切な意見を述べてもらうことが望ましい。企業は投資家を選ぶのと同様に、社外役員を選び、アナリストを選ぶことになる。

謝　辞

　本章を書くに際して、筆者が日頃から話を聞かせてもらっているさまざまな調査機関や投資家の見解が参考になった。また2015年9月から金融庁と東京証券取引所が合同で開催している「スチュワードシップ・コード及びコーポレートガバナンス・コードのフォローアップ会議」でのメンバーの意見も参考にさせてもらった。もっとも、本章の記述や事実の解釈に誤りがあるのなら、それは筆者の責任である。

【参考文献】
川北英隆編著（2013）『「市場」ではなく「企業」を買う株式投資』（金融財政事情研究会）
川北英隆・奥野一成編著（2015）『京都企業が世界を変える』（金融財政事情研究会）
若杉啓明監修（2004）『株主が目覚める日』（商事法務）

事項索引

[英字]

DCFモデル……………………16
ESG……………………………29
HFT……………………………189
IR………………80,209,215
MonotaRO………………21,136
ROE……………………………207
ROIC……………………………207

[あ行]

アクティブ……………………11
アナリスト……………………200
アベノミクス……………………5
アメーバ経営…………………172
一物一価………………………138
インターネット………31,136,196
ウォーレン・バフェット……………2
エージェンシー・プロブレム……142
エンゲージメント…………10,213
オーナー経営…………………20
オーナーシップ………………26
お客様第一主義………………42

[か行]

ガバナンス……………………27
起業……………………21,147
企業価値…………………………3
企業文化………………24,205
議決権行使……………………210
技術進歩………………………195
業績格差………………………197
京セラ…………………22,162

京セラフィロソフィ……………170
京都銀行………………15,86
近代ファイナンス理論……………26
クボタ…………………15,36
グローバル化…………………195
経営力…………………………198
経済成長率……………………195
現地社会への貢献………………68
現場主義………………………42
高齢化…………………………45
コーポレートガバナンス・コード………………28,188,212
小林製薬………………19,112
コモディティ化……………………4
コンプライアンス………………71

[さ行]

サラリーマン機関投資家…………27
産業構造………………………94
塩漬け…………………………193
資本投入量……………………195
社外取締役……………………216
上場廃止…………………………7
情報の非対称性…………………31
信越化学………………………13
人口……………3,15,47,195
スチュワードシップ・コード……28,188,212
ストックオプション……………121
全社員参加経営…………………118
創造と革新……………………113
相場観……………………………2
ゾンビ企業………………………4

218

［た行］

ダイナミズム······························4
短期投資································189
地域社会の繁栄·························96
チャート·····························2, 201
中期投資································190
中小企業金融···························88
中短期分散投資·····················10, 29
中長期の事業計画·····················207
長期厳選投資···························10
長期投資································189
挑戦····································53
デイトレーダー························192
データベースマーケティング···21, 139
投資ホライズン························189
同族経営································132
独占····································206

［な行］

ニッチトップ···························19
ニッチマーケティング··············114

［は行］

パッシブ······························11, 28
パナソニック···························182
品質こそ我らが命·······················67
ファナック······························9
付加価値···············11, 18, 21, 72, 94
物心両面の幸福·························169
ベンジャミン・グラハム··············3
堀場製作所·····························25

［ま行］

見える化································126

［や行］

ユニバース·····························204

［ら行］

リーダーシップ·························22
リンナイ································17, 62
ルールを破る···························147

事項索引　219

京都大学で学ぶ企業経営と株式投資
―― 一流経営者とプロ投資家によるリレー講義録

平成28年4月12日　第1刷発行

編著者　川　北　英　隆
　　　　奥　野　一　成
発行者　小　田　　　徹
印刷所　株式会社日本制作センター

〒160-8520　東京都新宿区南元町19
発　行　所　一般社団法人 金融財政事情研究会
　　　編集部　TEL 03(3355)2251　FAX 03(3357)7416
販　　売　株式会社きんざい
　　　販売受付　TEL 03(3358)2891　FAX 03(3358)0037
　　　URL http://www.kinzai.jp/

・本書の内容の一部あるいは全部を無断で複写・複製・転訳載すること、および
　磁気または光記録媒体、コンピュータネットワーク上等へ入力することは、法
　律で認められた場合を除き、著作者および出版社の権利の侵害となります。
・落丁・乱丁本はお取替えいたします。定価はカバーに表示してあります。
ISBN978-4-322-12854-3